Monika Soffner

Der Braunschweiger Dom

Fotografien von Gregor Peda

Herausgegeben im Auftrag des Braunschweiger Doms
von Domprediger Joachim Hempel

Kunstverlag Peda Gregor · Passau

Inhalt

Vorbemerkung 3
Einführung 6
Heinrich der Löwe - Herzog von Sachsen und Bayern 7
Herkunft und Erbe 7
Exkurs: Zur Geschichte der Stadt Braunschweig im Mittelalter 8
Auf dem Weg zum Höhepunkt der Macht 9
Sturz und Ende 10
Exkurs: Stiftungen für die Ewigkeit 11
Exkurs: Das Evangeliar Heinrichs des Löwen 11
Zur Baugeschichte des Braunschweiger Doms 16
Der romanische Kirchenbau (12. und 13. Jh.) 16
Die Erweiterung der Seitenschiffe in der Gotik (14. und 15. Jh.) 19
Die Zeit des Barock und das 19. Jahrhundert 22
Der Braunschweiger Dom als »Nationale Weihestätte« 24
Die Baugestalt des Braunschweiger Doms 26
Die Nordseite 26
Exkurs: Die Burg Dankwarderode 30
Exkurs: Der Braunschweiger Burglöwe 32
Ostbau und Südseite 37
Der Westbau 41
Der Innenraum des Braunschweiger Doms 43
Die Hallenkrypta 47
Das südliche Seitenschiff 49
Die Spätgotik im Nordseitenschiff 49
Die Kunstwerke des 12. und 13. Jh. 52
Der Marienaltar 52
Der Siebenarmige Leuchter 54
Exkurs: Heinrich der Löwe - der neue Salomo? 57
Das Imervard-Kreuz 58
Das Grabmal Herzog Heinrichs des Löwen und Mathildes von England 63
Die mittelalterlichen Wandmalereien 67
Die Malereien in Chor und Vierung 67
Der Heilig-Kreuz-Zyklus im südlichen Querhaus 72
Die Künstlersignatur am nordwestlichen Langhauspfeiler 75
Die Kunstwerke aus der Zeit der Gotik 76
Bischof, Fürst und Kirchenpatrone 76
Der Christus im Elend und die Passionssäule 77
Die Stifterfiguren im südlichen Seitenschiff 80
Die Grabdenkmäler im südlichen Seitenschiff 82
Die Grabdenkmäler im Nordseitenschiff und die Welfentumba 86
Die Welfengruft 89
Exkurs: Die welfischen Herzöge und die Stadt Braunschweig 90
Die Orgeln des Braunschweiger Doms 93
Die Glocken des Braunschweiger Doms 93
Literatur 95
Lebenslauf und Chronologie 97
Glossar 100

Der Braunschweiger Dom: Kultur von internationalem Rang

Mittelalterlichem Leben war auf fürstlichem Niveau regionale Enge oder gar nationale Überheblichkeit fremd; es wurde stammes- und völkerübergreifend geheiratet, gehandelt, gebaut, gereist und gedacht - Grenzen waren ständigem Wandel unterworfen. Kirche und Klöster lebten unter dem »Christus Pantokrator« (Christus als Weltenherrscher) mit erstaunlich weitem Horizont; Ordensstrukturen waren »europaweit« verankert.

Heinrich der Löwe zeigt in seiner Vita, von der große Teile im Sattel von Pferden sich ereigneten, wie international es zuging; zwischen Dänemark, den slawischen Territorien, über England und Frankreich, in die Alpenregion, Nord- und Mittelitalien, Santiago de Compostela bis hin zu seiner eindrucksvollen Pilgerreise nach Byzanz, Jerusalem und Ikonium - die Eindrücke, Informationen, Anregungen und Erfahrungen sprengen noch heute verbreitete Bilder »mittelalterlicher Enge und Dunkelheit«.

1173 - gerade zurückgekehrt von seiner einjährigen Reise ins Heilige Land - wird der Grundstein zum Bau der Stiftskirche »S. Blasii et Johanni Baptistae« in Braunschweig gelegt. Der Bau des Braunschweiger Doms ist das bedeutendste Projekt des Löwen auf dem Höhepunkt seiner Macht. Hier entsteht zuerst seine Memorialkirche; hier entsteht ein bis zum Anbruch des himmlischen Jerusalem auf ihn weisendes Zeichen.

Dem Bau des Doms kommt darüber hinaus Bedeutung zu, weil er sich im Zentrum der sich bildenden »Residenz« des Herzogs von Sachsen und Bayern erhebt: die gesamte Südseite des Residenzplatzes nimmt die romanische Basilika ein.

Noch während des Baus geht es am herzoglichen Hof unter Einfluß und Rat wichtiger »Einflußnehmer und Ratgeber« um die Fragen der Inneneinrichtung; Imervard-Crucifixus, Marienaltar, Siebenarmiger Leuchter, Bildprogramm der Secco-Malereien im Chor - bis heute verfügt der Braunschweiger Dom über wichtigste Teile der Originalausstattung - allen bösen Zeitläuften zum Trotz. Auch das Faksimile des berühmten Evangeliars - einst für den Marienaltar geschaffen - macht deutlich, wie zentral die biblische Botschaft Denken, Glauben und Schaffen der Menschen im 12. Jahrhundert bestimmte und prägte.

Zehn Jahre nachdem die bislang letzte innerdeutsche Grenze fiel und unmittelbar vor einem weiteren wichtigen Schritt zur Einheit Europas, hat Braunschweig - »Die Stadt Heinrichs des Löwen« - seinen angestammten Platz in der Mitte Deutschlands zurückgewonnen und präsentiert selbstbewußt Kultur von europäischem, ja internationalem Rang.

Dieses Buch leistet einen wichtigen Beitrag dazu, die Verbindung zur Geschichte dieser Stadt lebendig zu halten. Es wäre ohne das Engagement des Kunstverlags Peda, Passau - ohne die kompetente Begleitung von Dr. Carl-August Schröder, Braunschweig - und ohne die finanzielle Unterstützung der Domstiftung und der Evangelisch-lutherischen Landeskirche in Braunschweig nicht verwirklicht worden. Der Autorin Monika Soffner M.A. ist durch intensive und engagierte Arbeit das Dombuch zum Beginn eines neuen Jahrhunderts gelungen.

Braunschweig, im Sommer A.D. 1999 *Joachim Hempel, Domprediger*

Das Buch »Der Braunschweiger Dom« widmet der Herausgeber den Landesbischöfen der Evangelisch-lutherischen Landeskirche in Braunschweig, deren Bischofskirche der Dom nach der Übertragung des Eigentumsrechtes durch den Staat im Jahre 1954 wurde.

Dr. Martin Erdmann (†)

Dr. Gerhard Heintze

Dr. Gerhard Müller D.D.

Dr. h.c. Christian Krause

Einführung

Der Braunschweiger Dom - die Stiftskirche St. Blasii - ist geprägt von der Persönlichkeit eines mittelalterlichen Fürsten: Heinrichs des Löwen, Herzog von Sachsen und Bayern. Seine politischen und religiösen Absichten nahmen Gestalt an in der Pfalz Dankwarderode in Braunschweig und ihrer Stiftskirche, die er ab 1173 erbauen ließ.

Die Stiftskirche St. Blasii ist aber nicht allein ein Symbol seiner weltlichen Macht. Sie ist vor allem seine Grabeskirche, die er mit Kunstwerken und Heiligenreliquien reich ausstattete, um für sich und die Seinen einen Platz im Jenseits zu erlangen. Die Vorsorge für das Leben nach dem Tod war im mittelalterlichen Denken von zentraler Bedeutung. In eindrucksvoller Weise ist dieses Streben im Evangeliar Heinrichs des Löwen, das er für den 1188 geweihten Marienaltar seiner Stiftskirche in Auftrag gab, festgehalten: *»Diese goldene Seite bezeugt dem Leser, daß der fromme Herzog Heinrich und seine Gemahlin von ganzem Herzen die Liebe zu Christus über alles andere stellten...Sie haben der Stadt* [Braunschweig] *mit geweihten Kirchen und dem Reliquienschatz helfender Heiliger Glanz und Ansehen geschenkt und sie mit weiten Mauern befestigt. Eines ihrer Geschenke ist dies von Gold glänzende Buch, das dir, Christus, in der Hoffnung auf das Ewige Leben feierlich dargebracht wird. Mögen sie in die Schar der Gerechten aufgenommen werden!«*

Wie sich freilich die Vorstellungen und Absichten Heinrichs im Detail auf das Gesicht der Stiftskirche auswirkten, wissen wir nicht. Sicher rekonstruieren läßt sich für seine Zeit nur das Bauwerk, nicht aber Umfang und Anordnung der ursprünglichen Ausstattung, von der nur wenige, aber sehr bedeutende Relikte erhalten blieben: Der Marienaltar als Ort des Meßopfers, das Imervard-Kreuz, das den Heiland des Jüngsten Gerichtes zeigt, und der Siebenarmige Leuchter, der als Totenleuchter und als Lebensbaum zugleich auf die Auferstehung der Toten verweist.

Die erhaltenen Kunstwerke zeugen mit ihrem Bedeutungs- und Symbolgehalt von der vorrangigen Bestimmung der Stiftskirche als Bewahrerin des Heinrichsgrabes. Diese haben auch die nachfolgenden Generationen in der ersten Hälfte des 13. Jahrhunderts aufgenommen: Die Ruhestatt des Herzogs wurde durch das Grabmal mit den Liegefiguren des Herzogspaares wesentlich hervorgehoben, die Ausrichtung auf das Jüngste Gericht durch die Wandmalerei noch verstärkt. Damit ist die Kirche bis heute, trotz aller Veränderungen und Umbauten, vor allem eines geblieben: die Grablege eines großen Dynasten des Mittelalters.

Heinrich der Löwe - Herzog von Sachsen und Bayern

Herkunft und Erbe

Herzog Heinrich der Löwe entstammte der Familie der Welfen, einem der ältesten und bedeutendsten Adelsgeschlechter des Reiches, das zu seinen Vorfahren u.a. die fränkischen Karolinger zählen konnte. Als Wappentier und Sinnbild ihres Namens führten sie den Löwen, den König der Tiere. Denn ein *'welp'* oder *'welf'* meinte im Mittelalter ein Tierjunges, insbesondere das Löwenjunge. Das welfische Wappentier verschmolz schließlich ganz mit der Person Heinrichs und sollte zu seinem Wahrzeichen werden.

Zusammen mit den Staufern bestimmten die Welfen die Geschichte des Hl. Römischen Reiches im 12. und 13. Jh. Ein bezeichnendes Licht auf den Rang der beiden Familien wirft eine Textstelle des Geschichtsschreibers Bischof Otto von Freising: *»Es gab im römischen Erdkreis bislang zwei berühmte Geschlechter, das eine waren die Heinriche von Waiblingen* [Staufer], *das andere die Welfen von Altdorf, das eine pflegte Kaiser, das andere Herzöge hervorzubringen.«* Darin klingt bereits die Tragik der Welfen an, denen es zwar immer wieder gelang, sich unter die Ersten ihrer Zeit aufzuschwingen, die aber letztlich doch im Kampf um die Führungsposition im Reich scheiterten. Nur einmal glückte ihnen der Weg an die Spitze: der Sohn Heinrichs des Löwen bestieg als Otto IV. Anfang des 13. Jh. den Kaiserthron des Römischen Reiches.

Reitersiegel Heinrichs des Löwen von 1163

Ihren Stammsitz hatten die Welfen in Süddeutschland, im Schussengau, nördlich des Bodensees. Wo Heinrich der Löwe geboren ist und wo er seine Kindheit verbrachte, ist in den Quellen nicht überliefert; wir kennen nicht einmal sein genaues Geburtsdatum. Zwischen 1129 und 1131 erblickte er als Sohn des Welfenherzogs Heinrichs des Stolzen und seiner Gemahlin Gertrud von Süpplingenburg das Licht der Welt. Bereits unter dem Großvater Heinrichs des Löwen hatten die Welfen begonnen, im Nordosten des Reiches, in Sachsen, einen weiteren Herrschaftsbereich aufzubauen. Entscheidend dabei war die Heiratspolitik, die ihnen umfangreiche Besitztümer in Sachsen sicherte. Besonders wichtig sollte das Erbe der Grafen aus dem Hause der Brunonen werden, die vor allem in Braunschweig und Umgebung begütert waren. So gelang es den Welfen innerhalb von drei Generationen, in Sachsen ein Territorium aufzubauen, das sie zu den mächtigsten Fürsten des Reiches werden ließ.

Durch die Heirat von Heinrichs Vater mit Gertrud, der einzigen Tochter Kaiser Lothars III., war auch die Kaiserkrone für die Welfen in greifbare Nähe gerückt. Da Heinrich der Stolze seinen Schwiegervater Lothar III. bei der Wahl zum Kaiser tatkräftig unterstützt hatte, erhielt er von ihm unter anderem die Herzogswürde in Sachsen. Damit hatte Heinrich der Stolze als einziger Reichsfürst zwei Herzogtümer in seiner Hand vereinigt, denn bereits 1126 war er, wie sein Vater vor ihm, mit dem Herzogtum Bayern belehnt worden. Als Lothar III. 1137 starb und seinem Schwiegersohn am Sterbebett die Insignien des Heiligen Römischen Reiches übergab - die Kaiserkrone und die Heilige

Zur Geschichte der Stadt Braunschweig im Mittelalter

Obwohl die Ursprünge der Stadt Braunschweig bis in die Zeit der Karolinger zurückreichen, erscheint sie urkundlich erst im Jahre 1031 als *»villa Brunesguik«* (Dorf Brunswiek). Das angebliche Gründungsjahr 861 geht auf eine spätmittelalterliche Überlieferung zurück, doch fand man bei Grabungen Siedlungsspuren aus dem 9./10. Jh. Günstig für die Ansiedlung wirkte sich ihre Lage an der Oker am Kreuzungspunkt wichtiger Fernstraßen aus - die West-Ost-Straße führte von Hildesheim nach Magdeburg, die Nord-Süd-Route von Goslar nach Lüneburg und Stendal. Der Name Brunswiek bezog sich zunächst auf ein Dorf östlich der Oker, das bei der Kirche St. Magni lokalisiert wird. Später ging die Bezeichnung dieses Fleckens auf die westlich anschließende Siedlung, die Altstadt im Bereich um die Martinikirche, über, während der ursprüngliche Siedlungsbereich nun Altewiek genannt wurde. Bis zum Ende des Hochmittelalters kamen noch drei Teilsiedlungen, sog. Weichbilde, hinzu: der von Heinrich dem Löwen gegründete Hagen östlich der Oker, die erstmals 1231 erwähnte Neustadt im Norden, die wohl auch dem Sachsenherzog ihre Entstehung verdankt, und der ab der 2. Hälfte des 13. Jh. besiedelte »Sack« westlich der Burg Dankwarderode.

Für die frühe Entwicklung Braunschweigs war das sächsische Grafengeschlecht der Brunonen von Bedeutung. Sie hatten sich um die Jahrtausendwende einen befestigten Ansitz an der Oker errichtet, der erstmals 1134 als *»Tanquarderoth«*, Dankwarderode, in den Quellen erscheint. Die Burg war im Osten durch einen Arm der Oker, an den übrigen Seiten durch Wassergräben und sumpfiges Gelände vor Angriffen geschützt. Bei ihrem Sitz gründeten die Brunonen das 1038 geweihte Chorherrenstift St. Peter und Paul, das von der Gräfin Gertrud (†1077) reich ausgestattet wurde. Sie stiftete u.a. einige kostbare Reliquiare, die später in den Kirchenschatz des Braunschweiger Doms übergingen.

Herzog Heinrich der Löwe erlangte über seine Mutter ausgedehnten Besitz aus dem Erbe eben dieser Brunonen, der sich um und in Braunschweig konzentrierte. Heinrich wählte Braunschweig als seinen Sitz, ummauerte die Stadt an der Oker und begann, sie planmäßig zu erweitern. Im Hagen siedelte er Holländer an, die das sumpfige Gelände kultivieren sollten. Während die Altewiek ihren ländlichen Charakter bewahrte, ließen sich in der Altstadt bevorzugt Kaufleute nieder. Der Handel machte Braunschweig zu einem wichtigen Warenumschlagplatz u.a. für die im Harz, besonders im Rammelsberg bei Goslar, geförderten Erze. Ein weiterer Vorteil für die Stadt war, daß die Oker ab Braunschweig schiffbar wurde. Kaiser Otto IV., der Sohn Heinrichs des Löwen, verlieh den Braunschweiger Kaufleuten 1199 Zollfreiheit im gesamten Reich, 1228 bekamen sie bedeutende Handelsprivilegien in Dänemark, 1230 in England. Auch der Beitritt zur Hanse 1356 trug entscheidend zum Wohlstand der Stadt bei.

Zwei Evangelisten-medaillons vom Sieben-armigen Leuchter, um 1188, Stiftung Heinrichs des Löwen für den Braun-schweiger Dom

Lanze -, sprach alles dafür, daß ihm Heinrich der Stolze als deutscher König nachfolgen würde. Doch seine Konkurrenten fürchteten die Entstehung eines Erbkönigtums, das ihre eigenen Möglichkeiten zur Machterweiterung begrenzt hätte. Obwohl - oder gerade weil - Heinrich der Stolze der mächtigste Reichsfürst war, wählten sie kurzerhand den Staufer Konrad III. zum König. Dieser mußte schnell handeln, um seinen welfischen Gegner im Zaum zu halten. 1138 forderte er Heinrich den Stolzen auf, ein Herzogtum herauszugeben, mit der Begründung, es sei nicht rechtens, daß ein Fürst zwei Herzogtümer besitze. Konrad war sich im klaren darüber, daß der stolze Welfe dieser Aufforderung nie nachkommen würde. Als dieser es daraufhin auch noch ablehnte, dem neuen König zu huldigen, wurde er von Konrad geächtet. Der Kampf zwischen Staufern und Welfen, der die deutsche Geschichte über ein halbes Jahrhundert lang prägen sollte, hatte damit begonnen.

Auf dem Weg zum Höhepunkt der Macht

Die vornehme Abstammung aus einem der bedeutendsten und ältesten Adelsgeschlechter des Reiches, der rasche Aufstieg seines Hauses in Sachsen und der jähe Fall seines Vaters prägten den jungen Heinrich den Löwen. Heinrichs Hauptaugenmerk galt vor allem dem Ausbau seiner Herrschaftsposition in Sachsen, den er mit energischer Zielstrebigkeit verfolgte. 1142 erhielt er die sächsische Herzogswürde wieder zurück, 1156 die bayerische. Er verständigte sich mit den sächsischen Adeligen über Vorstöße in die Slawengebiete östlich der Reichsgrenzen, die im Wendenkreuzzug 1147 kulminierten. Außerdem verstand er es geschickt, über das Erbe anderer Adelsgeschlechter seinen Besitz zu erweitern. Seine Städte- und Kirchenpolitik sicherte ihm finanzielle Ressourcen und wichtige Rechte. So flossen ihm z.B. durch die Gründung der Stadt Lübeck deren Einnahmen aus dem Fernhandel zu. Bei der Gründung der Bistümer Oldenburg, Ratzeburg und Mecklenburg setzte Heinrich die Bischöfe ein. Dieses eigentlich königliche Recht hatte ihm der Nachfolger Konrads III., Kaiser Friedrich Barbarossa, im Jahre 1154 übertragen. Die sächsischen Fürsten sahen den stetigen Machtzuwachs Heinrichs jedoch mit Mißfallen und erhoben sich schließlich 1166 gegen ihn. Dem Herzog gelang es aber mit der wohlwollenden Unterstützung des Kaisers, den Konflikt bis 1170 beizulegen. In diese Zeit der Kämpfe mit den sächsischen Fürsten fällt die Errichtung des Löwenstandbildes auf dem Braunschweiger Burgplatz, mit dem Heinrich seine Macht und den Triumph über seine Gegner sichtbar nach außen demonstrierte. Der Löwe als das welfische Wappentier und als »König der Tiere« war ein unmißverständliches Zeichen seiner Herrschaft.

Das Ansehen Heinrichs stieg noch durch seine 1168 geschlossene Ehe mit Mathilde, der Tochter König Heinrichs II. von England und Schwester von Richard Löwenherz. Auf dem Höhepunkt seiner Macht angelangt, unternahm er 1172 eine Pilgerfahrt ins Heilige Land. Eine Wallfahrt entsprach durchaus den Gepflogenheiten der Zeit und gehörte zu den religiösen Pflichten eines Fürsten. Die zeitgenössischen Quellen heben besonders das stattliche Gefolge des Sachsenherzogs und seine Ankunft in Byzanz hervor. So wird berichtet, daß der byzantinische Kaiser Manuel I. Heinrich mit einem Zeremoniell empfing, das sonst nur Königen vorbehalten war. Es ist auch überliefert, daß er von der Kaiserin mit wertvollem Pelzwerk und Stoffen beschenkt wurde, die er später zu liturgischen

Gewändern verarbeiten ließ. Heinrich besuchte auf seiner Reise alle bedeutenden Stätten des Heiligen Landes. In Jerusalem stiftete er der Grabeskirche - *»dem lebensspendenden Holze des heiligen Kreuzes«* - drei ewige Lichter. Dazu erwarb er zwei Häuser, deren Ertrag zum Unterhalt der Lampen bestimmt war. Er brachte von seiner Reise eine Vielzahl kostbarer Heiligenreliquien mit, die er dem 1173 gegründeten Blasiusstift und anderen Klöstern in Sachsen schenkte.

Sturz und Ende

Im Jahre 1176 kam es zum Bruch zwischen Heinrich dem Löwen und Friedrich I. Barbarossa, als der Sachsenherzog dem Kaiser die Unterstützung im Kampf gegen dessen Feinde in Oberitalien versagte. Nun sahen auch die Gegner Heinrichs ihre Stunde gekommen und trugen ihre Klagen über die rücksichtslose Eroberungspolitik des Herzogs bei Friedrich Barbarossa vor. Schließlich kam es zu einem Prozeß gegen Heinrich den Löwen. 1180 wurden ihm beide Herzogtümer entzogen, und er verfiel der Reichsacht. Dem Sohn widerfuhr dasselbe Schicksal wie dem Vater. Heinrich mußte sich schließlich auf dem Hoftag zu Erfurt am 11. November 1181 Kaiser Friedrich I. unterwerfen. Er durfte lediglich sein sächsisches Erbe behalten. Das »Fell« des Löwen wurde unter seinen Gegnern aufgeteilt. Der Herzog mußte für drei Jahre ins Exil, das er am Hofe seines Schwiegervaters in England verbrachte. 1189 ging er auf Geheiß des Kaisers erneut ins Exil. Seine Gemahlin Mathilde blieb in Braunschweig, wo sie am 28. Juni 1189 im Alter von 32 oder 33 Jahren verstarb. Sie wurde in der noch nicht vollendeten Stiftskirche St. Blasii bestattet.

Nach dem Tod seiner Gemahlin kehrte Heinrich nach Braunschweig zurück, wo es ihm in der Folgezeit gelang, seine Stellung wieder zu festigen. Unterstützt wurde der alternde Herzog dabei immer mehr von seinem Sohn Heinrich, dem späteren Pfalzgrafen. Schließlich wurde sogar eine Aussöhnung mit Kaiser Heinrich VI., dem Nachfolger Friedrich Barbarossas, möglich. Die Verhandlungen waren für Ende Februar 1194 auf dem Hoftag zu Saalfeld geplant. Auf der Anreise dorthin stürzte der inzwischen über 60jährige Herzog bei Bodfeld im Harz von seinem Pferd und zog sich eine schwere Verletzung zu. Da ihm die Weiterreise unmöglich war, brachte man ihn in das nahegelegene Kloster Walkenried. Kaiser Heinrich VI. entschloß sich, dem geschwächten Herzog entgegenzuziehen, so daß die Aussöhnung schließlich im März 1194 in der Pfalz Tilleda am Kyffhäuser stattfinden konnte. Der Kaiser nahm den Welfen in Gnaden wieder auf und bestätigte ihm seinen Eigenbesitz in Sachsen. Heinrich der Löwe kehrte nach Braunschweig zurück. Ein Jahr später, am 6. August 1195, verstarb er und wurde in der Stiftskirche St. Blasii zur Rechten seiner Gemahlin Mathilde zur letzten Ruhe gebettet.

Grabmal Heinrichs des Löwen, um 1235/40 Herzogsfigur mit Modell des Braunschweiger Doms

Stiftungen für die Ewigkeit

Herzog Heinrich der Löwe verfolgte mit der Gründung und Ausstattung des Blasiusstiftes in Braunschweig zuvorderst die Absicht, eine Grablege für sich und seine Nachfolger zu erbauen. Die Kanoniker der Stiftskirche sollten für das Seelenheil des Herzogs beten und Messen an seinem Todestag feiern. Um den Geistlichen die Erfüllung dieser Pflicht zu ermöglichen, bedachte Heinrich das Stift mit reichen Schenkungen. Das Mittelalter spricht in diesem Zusammenhang von sogenannten »Seelgerätstiftungen«, die oftmals hochdotierte Gebetsleistungen in Form von feierlichen Messen und Andachten umfaßten - eine Art »Lebensversicherung« für das Jenseits nach damaligem religiösen Verständnis.
Die Reliquien, die er von seiner Pilgerfahrt ins Heilige Land mitgebracht hatte, ließ er in Altäre, wie dem erhaltenen Marienaltar, einlegen. Aufwendig gefaßte und verzierte Reliquiare fügte er dem Kirchenschatz hinzu, den er von seinen brunonischen Vorfahren übernommen hatte. Unter seinen Nachfolgern entwickelte sich daraus an der Stiftskirche St. Blasii einer der bedeutendsten und umfangreichsten Kirchenschätze des Mittelalters, der unter der Bezeichnung »Welfenschatz« berühmt wurde. Er umfaßt hauptsächlich Goldschmiedewerke aus dem 11. bis zum 15. Jh. und befindet sich heute zum größten Teil im Berliner Kunstgewerbemuseum; einige Stücke besitzt das Cleveland Museum of Art.
Die Ausstattung der Stiftskirche und zahlreiche weitere Kunstwerke, die von Heinrich gestiftet wurden, führten die Kunst in Sachsen zu einer hohen Blüte. Es entstanden eindrucksvolle Bronzekunstwerke, wie der Siebenarmige Leuchter oder der Braunschweiger Löwe, der als eine der ersten freistehenden Großbronzen seit der Antike einen besonderen Rang einnimmt. Handschriften von außerordentlicher Qualität, deren Höhepunkt das berühmte Evangeliar Heinrichs des Löwen bildet, vermitteln einen Eindruck vom Stiftertum des Sachsenherzogs.

Das Evangeliar Heinrichs des Löwen

Vor dem Eingang zur Krypta des Braunschweiger Doms ist in einer Vitrine ein Faksimile des Evangeliars Heinrichs des Löwen ausgestellt. Die Original-Handschrift wurde am 6. Dezember 1983 in einer Gemeinschaftsaktion der Bundesrepublik Deutschland, des Landes Niedersachsen, des Freistaats Bayern und der Stiftung Preußischer Kulturbesitz Berlin in London ersteigert. Sie befindet sich heute in der Herzog August Bibliothek in Wolfenbüttel.
Aufgrund ihrer Bestimmung für den 1188 geweihten Marienaltar in der Stiftskirche läßt sich die Entstehung der Handschrift auf die Jahre vor 1188 eingrenzen. Wie der Name bereits sagt, enthält die Handschrift die Texte der vier Evangelien (nach Matthäus, Markus, Lukas und Johannes). Da die Berichte der Evangelisten ein wichtiger Bestandteil der Liturgie waren, wurden sie schon früh in gesonderten Codices zusammengefaßt. Die zentrale kultische Funktion dieser Bücher war ein Grund für ihre besonders kostbare und aufwendige Ausstattung.

....

Evangeliar Heinrichs des Löwen, Widmungsbild, vor 1188 (Faksimile)

Evangeliar Heinrichs des Löwen Krönungsbild, vor 1188 (Faksimile)

....

Am Anfang der Texte stehen die sog. Kanontafeln, mit denen die Evangelientexte erschlossen werden. Sie bestehen aus Zahlenkolumnen, die die Parallelstellen der einzelnen Schriften auflisten, ausgerichtet am Matthäusevangelium, dem längsten Text. Die Tafeln ermöglichten einerseits eine einfachere Benutzung der Handschrift, denn durch sie waren die an den einzelnen Kirchenfesten vorgeschriebenen Texte leichter aufzufinden. Andererseits wurde dadurch auch der übereinstimmende Text der vier Evangelien betont, der Kern der christlichen Lehre hervorgehoben. Die Evangelientexte wurden von meist ganzseitigen Illustrationen begleitet, die mit leuchtenden Farben und kostbaren Materialien, wie Gold und Purpur, geradezu verschwenderisch ausgestaltet waren.
Zwei Bilder machen die Besonderheit des Heinrich-Evangeliars aus: das **Widmungsbild** und das Krönungsbild. Beide beziehen das Stifterpaar Heinrich den Löwen und seine Gemahlin Mathilde mit ein. Das Widmungsbild, das im ersten Teil der Handschrift nach den Kanontafeln zu finden ist, wird wie die meisten übrigen Illustrationen durch einen Querbalken in zwei Hälften aufgeteilt. Dadurch entstehen zwei Erzählzonen.
In der unteren Szene werden Heinrich der Löwe und Mathilde von den Heiligen Blasius bzw. Ägidius, den Patronen des Braunschweiger Doms und des dortigen Benediktinerklosters St. Ägidien, an der Hand geführt. Die beiden Heiligen legen für das Herzogspaar Fürbitte bei der Gottesmutter ein, die im oberen Bild mit dem Christus-Medaillon in ihrem Schoß erscheint und als heilige Gottesgebärerin - »Sancta Theotokos« - bezeichnet ist. Die Widmung des Evangeliars an Maria erklärt sich aus der Bestimmung der Handschrift für den Marienaltar. Zu seiten Mariens erscheinen die Heiligen Johannes der Täufer, ebenfalls Patron des Braunschweiger Doms, und der Apostel Bartholomäus.
Aufschluß über den Sinngehalt des Bildes geben die beigefügten Schriftbänder. Christus ist darauf als der Schlüssel zum Ewigen Leben bezeichnet. Der Weg dorthin führt über die Heiligen, die ihre vermittelnde Hilfe anbieten und Fürsprache bei Christus einlegen. Der Grundgedanke, der auch für das Herzogspaar von ausschlaggebender Bedeutung war, ist hier deutlich ausgesprochen: Durch seine Stiftungen (Buch) und die Verehrung der Heiligen (Reliquien), die als Vermittler auftreten, erreicht der Gläubige das Ewige Leben. Heinrich und Mathilde wird dies gelingen, da sie bereits zu Lebzeiten Vorsorge getroffen haben - so die Botschaft des Evangeliars.
Das **Krönungsbild** stellt die Erfüllung dieses Strebens dar. Es ist wiederum in zwei Hälften geteilt. Im unteren Bereich erscheinen neben dem Herzogspaar seine Vorfahren. Heinrich und seine Gemahlin werden von zwei aus himmlischen Sphären erscheinenden Händen gekrönt. Verschiedene Inschriften deuten darauf hin, daß es sich hierbei um die Krone des Ewigen Lebens handelt. Die Bedeutung der Kreuze, die das Paar und seine Verwandten in Händen halten, wird durch ein Schriftband erklärt, das Christus vorweist. Er erscheint in der oberen Hälfte in einer Mandorla zwischen verschiedenen Heiligen. »Wer mir nachfolgen will, der verleugne sich selbst und nehme sein Kreuz auf sich und folge mir«, lautet die Botschaft.

Die Vorfahren des Herzogspaares sind ein Hinweis auf ihre vornehme Herkunft, die im einführenden **Widmungsgedicht** des Evangeliars betont wird. In diesem mit goldener Tinte geschriebenen Vorwort wird der »rote« Faden, der das Buch durchzieht, vorgestellt. Neben der vornehmen Herkunft des Herzogspaares sind ihre Stiftungen in Braunschweig erwähnt, die von der Freigebigkeit und Frömmigkeit des Paares künden. Durch solche Schenkungen, die auch das »von Gold glänzende Buch« *(fulgens auro liber)* mit einschließen, hoffen sie, das Ewige Leben zu erlangen und in die Schar der Gerechten aufgenommen zu werden. Am Schluß ist der Schreiber selbst genannt: »Herimann hat es geschaffen« *(Labor e*[st] *Herimanni).*

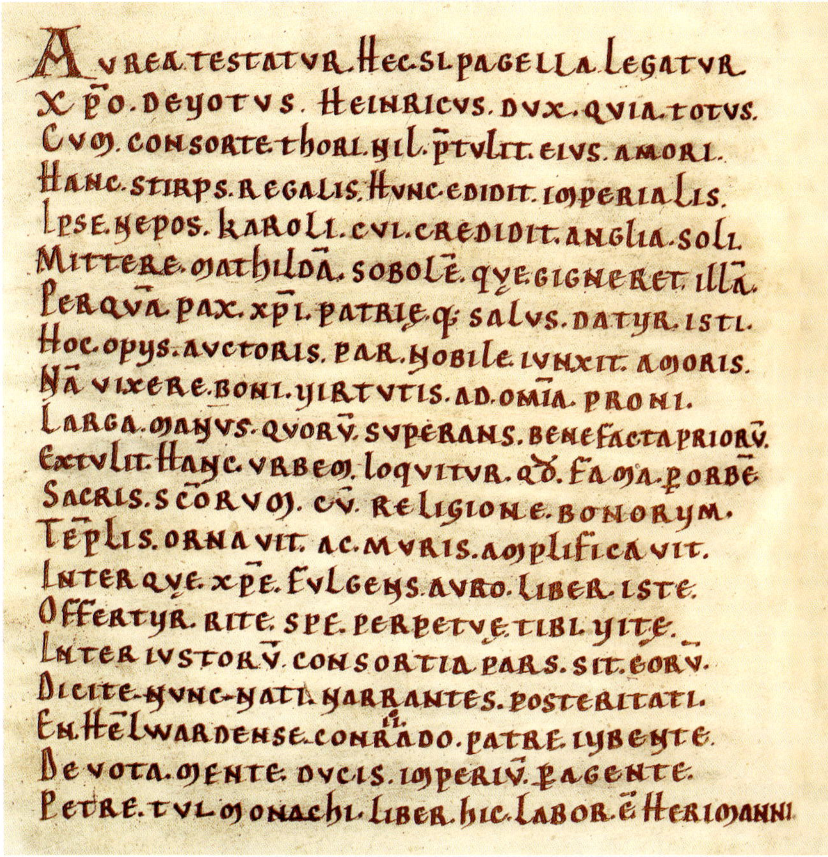
Aurea testatur. Hec si pagella legatur
Xp̄o. devotus. Heinricus. dux. quia. totus.
Cum. consorte thori. nil. p̄tulit. eius. amori.
Hanc. stirps. regalis. Hunc edidit. imperialis.
Ipse. nepos. Karoli. cui. credidit. anglia. soli
Mittere. mathildā. sobolē. que gigneret. illā.
Per quā. pax. xp̄i. patrie. q; salus. datur. isti.
Hoc. opus. auctoris. par. nobile. iunxit. amoris.
Nā vixere. boni. virtutis. ad. om̄ia. proni.
Larga. manus. quorū. superans. benefacta priorū.
Extulit. hanc. urbem. loquitur. q̄d. fama. p orbē
Sacris. scōrum. cū. religione. bonorum.
Tēplis. ornavit. ac. muris. amplificavit.
Inter que. xp̄e. fulgens. auro. liber. iste.
Offertur. rite. spe. perpetue. tibi. vite.
Inter iustorū. consortia. pars. sit. eorū.
Dicite. nunc. nati. narrantes. posteritati.
En. Helwardense. conrado. patre. iubente.
Devota. mente. ducis. imperiū. p agente.
Petre. tui. monachi. liber. hic. labor. ē Herimanni

Evangeliar Heinrichs des Löwen, Widmungsgedicht, vor 1188 (Faksimile)

Hermann war Mönch im Benediktinerkloster Helmarshausen in Nordhessen, in dessen Skriptorium das Evangeliar gefertigt wurde. Die Helmarshauser Schreibschule war eines der bedeutendsten künstlerischen Zentren dieser Zeit und brachte eine Reihe qualitätvoller Werke der Buchkunst hervor, als deren Höhepunkt das Evangeliar Heinrichs des Löwen anzusehen ist. Es zeigt eine ungewöhnliche Prachtentfaltung und ein hohes künstlerisches Niveau. Die figürlichen Darstellungen und die Ornamentmalereien in leuchtenden Deckfarben haben sich hervorragend erhalten. Im Evangeliar Heinrichs des Löwen sind wie in keiner anderen Handschrift auf einzigartige Weise die persönliche Einbindung des Stifters und das Selbstverständnis eines adeligen Auftraggebers verbildlicht. Dies und seine herausragende künstlerische Qualität machen es zu einem der bedeutendsten Werke romanischer Buchmalerei.

Zur Baugeschichte des Braunschweiger Doms

Der romanische Kirchenbau (12. und 13. Jh.)

Die Bauarbeiten an der Stiftskirche St. Blasii begannen im Jahre 1173, unmittelbar nach der Rückkehr Herzog Heinrichs des Löwen von seiner Pilgerreise ins Heilige Land. Den Vorgängerbau, die im 11. Jh. von den sächsischen Brunonen errichtete Stiftskirche St. Peter und Paul, hatte er zuvor abreißen lassen. Die neue Stiftskirche weihte er dem Heiligen Bischof Blasius und Johannes dem Täufer; später kam noch ein dritter Patron hinzu: Thomas Becket, Bischof von Canterbury. Der Kirchenbau wurde als in allen Teilen gewölbte, dreischiffige Pfeilerbasilika mit Querhaus, Krypta und Westbau angelegt. Das Bauschema folgt dem gebundenen System, d.h. einem Joch im Mittelschiff entsprechen zu beiden Seiten jeweils zwei Seitenschiffjoche, die durch Gurtbögen zusammengefaßt werden. Als Maßeinheit dient das Vierungsquadrat, das in den Querhausarmen, im Chor und im Mittelschiff wiederholt wird. Die Seitenschiffe haben die Breite eines halben Quadrats.

Über den Fortgang der Bauarbeiten besitzen wir keine Nachrichten. Die wichtigsten Anhaltspunkte sind die überlieferten Altarweihen. Die durch eine Inschrift gesicherte Weihe des Marienaltars 1188 - der nicht wie heute am Ostende des Langhauses stand, sondern in der Vierung, an der Stelle des Siebenarmigen Leuchters - läßt eine weitgehende Vollendung des Ostbaues zu dieser Zeit vermuten. Dafür spricht auch die Bestattung der Herzogin Mathilde in der Stiftskirche ein Jahr später. Inwieweit ein für 1195

Skulptur des Kirchenpatrons Johannes des Täufers, um 1500

Skulptur des Kirchenpatrons St. Blasius, Ende 15. Jh.

überlieferter Brand das Kirchengebäude beschädigte, ist nicht nachzuvollziehen. Die Schäden können aber nicht allzu groß gewesen sein, denn 1196 wurde der Kreuzaltar geweiht, der sich wie allgemein üblich westlich vor der Vierung befand. Zu beiden Seiten dieses Altares öffneten sich die Abgänge zur Krypta. Zur Erschließung des darüber liegenden Chores und der Vierung wurden im Querhaus Emporen eingebaut. Sie dienten auch als Verbindung in den Kreuzgang und die Stiftsgebäude der Kanoniker, die sich südöstlich an den Kirchenbau anschlossen.
Einen Hinweis auf die Ausstattung der Stiftskirche durch den Bauherrn Heinrich den Löwen gibt Propst Gerhard II. von Steterburg (1163-1209). In seiner Chronik des Stiftes Steterburg, den *Annales Steterburgensis*, einer der wichtigsten Quellen für die letzten Lebensjahre Heinrichs des Löwen, berichtet er von *»einem Bild des Gekreuzigten zusammen mit anderen Bildern, einem kostbaren, mit Edelsteinen geschmückten goldenen Kreuz, dem schön gestalteten Fußboden sowie Glasfenstern«*. Das goldene Kreuz, dessen Wert sich laut Gerhard auf 1500 Mark Silber belaufen haben soll, war wahrscheinlich für den Kreuzaltar bestimmt. Es hat sich nicht erhalten. Auch das *»Bildnis des Gekreuzigten mit anderen Bildern«*, das als Lettneranlage mit Triumphkreuzgruppe nach dem Vorbild des Halberstädter Doms rekonstruiert wird, ging im 19. Jh. verloren. Das Vorhandensein von Glasfenstern dagegen bestätigte ein Fund während der Restaurierung 1876-81 in den nördlichen Obergadenfenstern. Dort entdeckte man drei Fragmente farbiger Glasgemälde, einen Ornamentstreifen und zwei Bischofsfiguren - vielleicht Blasius und Ägidius -, die auf die Zeit um 1180 datiert werden können. Sie sind heute in der Mittelaltersammlung des Herzog Anton Ulrich-Museums in der Burg Dankwarderode zu sehen.

Blick in das Gewölbe des Ostbaus

Im Jahre 1203 wird von der Weihe des Altars im südlichen Querhausarm berichtet. Am 24. August 1222 ist eine weitere Altarweihe durch den Sohn Heinrichs des Löwen, Pfalzgraf Heinrich, überliefert. Er stiftete den Bartholomäusaltar im Mittelschiff der Kirche, vor dem er auch begraben wurde. Die Weihe des Hauptaltares am 29. Dezember 1226 durch Bischof Konrad von Hildesheim markiert keineswegs den Abschluß der Arbeiten. Danach entstanden noch die Wandmalereien in Chor, Vierung und südlichem Querschiff, die in das zweite Viertel des 13. Jh. datiert werden. Auch das Grabmal Herzog Heinrichs des Löwen und seiner Gemahlin entstand nach der Weihe des Hauptaltares; man setzt seine Entstehung heute in die Jahre zwischen 1235 und 1240. Im 1. Drittel des 13. Jh. wurden die Obergadenfenster im ersten Langhausjoch verändert. Diese Umgestaltung steht wahrscheinlich in Zusammenhang mit der nicht erhaltenen Grablege Kaiser Ottos IV. (†1208) und seiner Gemahlin Beatrix (†1208). Der Sohn des Stifters und einzige Kaiser aus dem Haus der Welfen ließ sich zwischen dem Grab seines Vaters und dem Kreuzaltar vor der Vierung bestatten. Dadurch wurde erstmals nach Heinrich dem Löwen ein neuer Akzent im Raumprogramm des Doms gesetzt. Das veränderte Fensterpaar hebt die Grablege des Kaiserpaares bereits am Außenbau der Kirche hervor. Der Westabschluß des Doms war zusammen mit dem übrigen Bau in seiner Grunddisposition angelegt worden, worauf der einheitliche Sockel und die übereinstimmenden baulichen Gliederungselemente hinweisen, wurde aber erst im Laufe des 13. Jh. vollendet. Als Abschluß zwischen den Turmaufsätzen war zunächst wohl ein Querbau vorgesehen, eine sogenannte sächsische Glockenstube, wie sie z.B. zwischen den Türmen der Martinikirche in Braunschweig trotz des späteren Umbaus noch zu sehen ist. Am Dom wurde sie jedoch im letzten Drittel des 13. Jh. zugunsten des durchbrochenen Maßwerkgehäuses aufgegeben. Die Türme wurden nie vollendet, die heutige Bedachung - eigentlich in ihrer Einfachheit eine vorläufige Lösung - trägt wesentlich zum charakteristischen Erscheinungsbild des Braunschweiger Doms bei.

Die Erweiterung der Seitenschiffe in der Gotik (14. und 15. Jh.)

Erstmals einschneidend baulich verändert wurde die Stiftskirche St. Blasii in der ersten Hälfte des 14. Jh. Zahlreiche inzwischen vorgenommene Altarstiftungen und Begräbnisstätten machten eine Erweiterung aus Platzgründen unumgänglich. In den Jahren 1322-1346 wurde deshalb das südliche Seitenschiff in seiner gesamten Länge auf die doppelte Breite ausgebaut. Im Inneren erhielt der Anbau Kreuzrippengewölbe, die Kreuzgratwölbung des romanischen Seitenschiffs mit den schweren Gurtbögen wurde beibehalten. Das ganze Südseitenschiff bekam eine einheitliche Deckung mit Zwerchdächern, d.h. quer zur Längsachse stehenden Satteldächern. Zwei Zugänge erschließen das Schiff. Über dem westlichen erinnert am Außenbau eine Inschrift an Zeitpunkt und Anlaß des Umbaus. Sie nennt die Jahreszahl 1346 und die Bestimmung der vier westlichen Joche als Grabkapelle für Herzog Otto den Milden und seine Gemahlin Agnes von Brandenburg, die dem heiligen Diakon Laurentius geweiht war.

Gut hundert Jahre später wurde die Stiftskirche St. Blasii ein zweites Mal erweitert. Diesmal brach man das nördliche Seitenschiff ganz ab und errichtete an seiner Stelle eine zweischiffige gotische Halle. Diese wurde - in Symmetrie zur Südseite - doppelt so breit wie das ursprüngliche Schiff geplant und lag deshalb ebenso in einer Flucht mit den Querhausmauern. Der Zugang im westlichen Joch - das heutige und auch das damalige Hauptportal des Doms - ist außen mit der Jahreszahl 1469 bezeichnet. Das Wappen mit Rosenkranz und Adler gehört dem Stifter der Nordhalle, Ludolf von Quirre. Ludolf war von 1422 bis 1463 Kanoniker am Blasiusstift. Darüber hinaus hatte er eine Anzahl weiterer Ämter inne; u.a. war er Pfarrer von St. Andreas in Braunschweig und Dompropst von Halberstadt. Dies und seine Herkunft aus einer wohlhabenden hannoverschen Bürgerfamilie ermöglichten ihm die Einsetzung einer Stif-

Südliches Seitenschiff, Blick nach Westen auf das Epitaph der Elisabeth von der Schulenburg († 1604)

Nördliches Seitenschiff, Blick nach Osten auf das Imervard-Kreuz und die Kalkstein-Taufe

tung. In seinem Testament stellte er eine große Summe zum Neubau des nördlichen Seitenschiffs zur Verfügung. Drei Jahre nach seinem Tod 1463 wurde der Grundstein gelegt, am 14. Juni 1466. Die Schlußweihe zelebrierte Bischof Henning von Hildesheim 1474.
Die Stiftung von Altären und die Bestattungen im Inneren der Stiftskirche St. Blasii wurden auch weiterhin gepflegt. Einen Eindruck von der reichen Altarausstattung des Braunschweiger Doms gibt die Anzahl der im 15. Jh. außer den Hauptaltären aufgestellten Nebenaltäre. Es waren nicht weniger als 31, die im Bildersturm der Reformation, die 1528 Einzug hielt, fast alle untergingen. Von der vorreformatorischen Altarausstattung haben sich einzig die beiden großen Holzskulpturen, die heute im Chor aufgestellten Figuren der Kirchenpatrone St. Blasius und Johannes des Täufers, erhalten.

Die Zeit des Barock und das 19. Jahrhundert

Unter den welfischen Herzögen Rudolf August (1627-1704) und Anton Ulrich (1633-1714) fanden tiefgehende Eingriffe in die Ausstattung des Doms statt. Nach der endgültigen Unterwerfung Braunschweigs durch die welfischen Herzöge 1671 kehrte der Hof von Wolfenbüttel wieder nach Braunschweig zurück (s. S. 90). Während der ab 1687 durchgeführten Neugestaltung wurden zahlreiche Bildwerke und Epitaphien entfernt, die Lettneranlage mit der Triumphkreuzgruppe abgebrochen, die mittelalterlichen Fresken übertüncht und der Siebenarmige Leuchter zerlegt und eingelagert. Eingebaut wurden u.a. eine Kanzel und ein Gestühl. Auch die stark beschädigten Fenster des Nordseitenschiffs mit Bildern von 12 welfischen Fürsten und Fürstinnen mußten weichen. Die

Grabmal Herzog Ludwig Rudolfs († 1735) und seiner Gemahlin Christina Ludovica von Oettingen († 1747)

Grabdenkmal des Geheimen Staatsrates und Stiftsdekans Julius Basilius von Pape (1656-1727)

in den westlichen Fenstern der Nordhalle eingefügten Wappenbilder von 23 Braunschweiger Patrizierfamilien wurden nach 1700 erneuert. Zu dieser Zeit veränderte Herzog Anton Ulrich das Dominnere nach seinem Geschmack und revidierte bereits einige der Eingriffe Rudolf Augusts. Er ließ mehrere Bildwerke wieder aufstellen und veranlaßte weitere Einbauten, z.B. eine zweiläufige Treppenanlage zur Vierung. 1728 errichtete der Braunschweiger Bildhauer Anton Detlev Jenner (um 1690-1732), der auch für zahlreiche Grabmäler verantwortlich zeichnete, einen barocken Hochaltar.

Das 19. Jh. brachte die Aufhebung des Stiftes St. Blasii. Die Klostergebäude und der Kreuzgang südöstlich des Doms wurden 1830-39 abgerissen. 1845 deckte man während einer Restaurierung die romanischen Wandmalereien in Chor, Vierung und Querschiff wieder auf. Sie wurden von A. Neumann und Heinrich Brandes freigelegt, der Pausen des Bestandes anfertigte, die als Grundlage für die Neuausmalung des Doms dienten. Deren Ausführung oblag dem Direktor des Germanischen Nationalmuseums, August Essenwein (1831-1892).

Nachdem die Raumschale dem neuen Zeitstil angepaßt war, kam ergänzend die neuromanische Innenausstattung hinzu: u.a. ein Baldachinaltar von Hans Pfeifer sowie Chorschranken mit Lettnerarchitektur. Ein Radleuchter, der dem im Dom zu Hildesheim nachempfunden war, und ein neuromanisches Orgelgehäuse komplettierten den historistisch geprägten Raumeindruck. Pfeifer ließ eine Mitteltreppe zum Hohen Chor einbauen, die bis in die 60er Jahre des 20. Jh. bestehen blieb. Der Siebenarmige Leuchter fand erneut einen Platz im Kirchenraum. Zu dieser Zeit wurden auch mehrere Vorschläge zur Vollendung der Domtürme gemacht, u.a. ein neogotischer Entwurf, der die Aufstockung um ein Geschoß und steile Turmhelme vorsah. Das Projekt wurde jedoch nicht verwirklicht. Dagegen errichtete Ernst Wiehe von 1889 bis 1891 die Sakristei und die Taufkapelle am südlichen Querhausarm in neuromanischen Formen.

Der Braunschweiger Dom als »Nationale Weihestätte«

In den 30er Jahren des 20. Jh. erfuhr der Braunschweiger Dom eine radikale Veränderung. Während des nationalsozialistischen Regimes wurde die Kirche zur »Nationalen Weihestätte« umfunktioniert. Nach der Beseitigung des nicht aus der Romanik stammenden Inventars wurde u.a. der Fußboden mit einem Plattenbelag im Schachbrettmuster versehen und der Chorraum durch einen Vorhang abgetrennt, vor dem ein riesiger Reichsadler mit Hakenkreuz hing. Die Fenster im Chor erhielten eine farbige Verglasung nach dem Entwurf des Berliner Malers Franz Becker-Tempelburg, der im mittleren Fenster den Kampf des Guten gegen das Böse darstellte. Das Mittelschiff wurde mit Sgraffito-Malereien von Wilhelm Dohme ausgestaltet, die die mittelalterliche deutsche Ostbesiedlung zum Inhalt hatten und Heinrich den Löwen als deren Motor zeigten. Die Machthaber des Dritten Reiches hatten ein besonderes Interesse an dem Sachsenherzog, dessen Slawenpolitik sie als Vorbild für ihre Lebensraum-Ideologie und letztlich ihre Angriffskriege im Osten benutzten.

Bereits am 24. Juni 1935 war man daran gegangen, das Grab des Sachsenherzogs zu öffnen. Der Ministerpräsident des Freistaates Braunschweig, Dietrich Klagges, wollte das gewachsene Interesse an Heinrich dem Löwen nutzen, um die Aufmerksamkeit der Machthaber auf Braunschweig zu lenken. So besuchte Adolf Hitler im Jahr darauf tatsächlich Braunschweig und auch die Grabungen im Dom. Doch die Grabungsergebnisse gestalteten sich ganz anders, als man erwartet hatte. Unter der Platte Mathildes war ein Steinsarkophag zum Vorschein gekommen, in dem ein bis auf die Schädelpartien erhaltenes Skelett lag. Es maß etwa 1,62 m und zeigte eine Mißbildung des linken Hüftgelenks und eine daraus resultierende Verkürzung des Beines. Grabbeigaben waren nicht vorhanden. Unter der Figur des Herzogs war ein Holzsarg zu erkennen, in dem sich eine aus zwei Teilen zusammengenähte Lederhülle befand. Die darin geborgenen Gebeine waren bis auf zwei Backenzähne vergangen. An der Stelle, an der sich der Brustkorb befunden haben mußte, wurde ein kleiner Riegel gefunden, der mit einem gewebten Bändchen umwickelt war. Etwas Silberrost, wohl der Rest eines Schmuckstückes, war noch als helle Stelle zu erkennen. Weiter südlich wurde ein Kindersarg gefunden.

Gruft Heinrichs des Löwen, rechts der bei der Grabung 1935 aufgefundene Steinsarkophag

Wenn die Skulpturen auf dem Grabmal richtig angeordnet waren, mußte Mathilde in einem Steinsarkophag bestattet worden sein und ihr Gemahl in einer einfachen Lederhülle. Wenn dem aber nicht so war und der Herzog in dem Steinsarg zur Ruhe gebettet worden war, wie konnte man sich dann die Mißbildung des Hüftgelenks erklären? Ein Sachsenherzog, der in einer einfachen Lederhülle lag, paßte nicht zur Ideologie eines germanischen Kriegers, ebensowenig ein hinkender. So ging man daran, die widersprüchlichen Befunde für das erstrebte Ziel zurechtzubiegen. Für den Hüftschaden war schnell eine Erklärung gefunden: der Reitunfall Heinrichs des Löwen im Februar 1194 im Harz. Daß in den Quellen eine Quetschung des Unterschenkels *(contritio tibiae)* genannt wird, störte die Beteiligten nicht weiter. Daß der an der Gelenkspfanne angerichtete Schaden - eine sogenannte Hüftgelenksluxation, bei der der Gelenkkopf aus der Pfanne rutscht und eine zweite, flachere ausbildet - eine lebenslange Fehlfunktion zur Ursache gehabt haben mußte, wurde geflissentlich übersehen. Der Grabungszustand wurde fotografisch dokumentiert, eine eingehende fachkundige Untersuchung der Gebeine fand damals nicht statt. Man hatte kein weiteres Interesse an den Grabungen. Da die umfangreichen Arbeiten außerdem die Statik des Doms gefährdet hatten, ging man rasch daran, die ehemalige Grabstätte zu einer Gruft auszubauen. Deren Ausführung übernahmen die Brüder Walter und Johannes Krüger, die durch das 1927 errichtete Denkmal der Schlacht von Tannenberg und als Erbauer der Gruft für den 1934 verstorbenen Reichspräsidenten Paul Hindenburg ausgewiesene Experten für diese Aufgabe waren. Der Zugang erfolgte über zwei Eingänge seitlich der Chortreppe, dort wo sich heute die beiden Treppen hinauf zur Vierung befinden. Am heutigen Durchgang zur Welfengruft, der damals nicht vorhanden war, wurde eine rundbogige, verglaste Nische mit zwei Bronzetüren in die Mauer eingelassen. Darin befanden sich eine aufwendig gestaltete Schaufassung für die Locken Heinrichs und Mathildes, die man den Gräbern entnommen hatte, sowie eine kleinere Schatulle für die Nachbildung des gewebten Bändchens. Die Fassungen sind heute im Braunschweigischen Landesmuseum (Burgplatz 1) zu sehen. Die Grabplatten der Stifter legte man - den vermeintlichen Grabungsergebnissen folgend - in vertauschter Anordnung auf eine Granitplatte. In dem aus Granitsteinen gemauerten Gewölbe der Stiftergruft wurden unter einer Hängekuppel die Sarkophage des Herzogspaares und seitlich eine Tumba mit den sterblichen Überresten dreier Brunonen, u.a. der Gräfin Gertrud, aufgestellt. An den Wänden sind die Wappen der vier »Löwenstädte«, südlich München und Lübeck, nördlich Braunschweig und Lüneburg, zu sehen. Das an der Westwand angebrachte sonnenradartig stilisierte Hakenkreuz wurde nach 1945 zu einem Kreuz umgearbeitet.

Die Befunde der Grabung von 1935 lösten in der Nachkriegszeit heftige Diskussionen unter den Gelehrten aus. Heute ist man der Ansicht, daß das im Steinsarkophag aufgefundene Skelett ein weibliches war. Auch die Tatsache, daß man in dem Steinsarkophag keine Barthaare fand, spricht dafür. Der schlechte Erhaltungszustand der Gebeine in der Lederhülle läßt keine Aussagen über das Geschlecht der Person zu.

Die Baugestalt des Braunschweiger Doms

Die Nordseite

Der Dom St. Blasii nimmt in seiner ganzen Länge die Südseite des Burgplatzes ein. Aufgrund dieser baulichen Situation ist die Nordfront der Kirche als Fassade, als Schauseite, zu betrachten. Hier ist der Haupteingang, das Nordportal, das schon im romanischen Seitenschiff die Funktion eines Hauptportales hatte. Auch war der Burgplatz von jeher die belebtere Seite des Doms und ist es auch heute noch. Die Südseite zum Domplatz hin blieb dem geistlichen Leben vorbehalten, denn hier lagen ursprünglich die Klostergebäude des Stiftes St. Blasii.

Die Nordseite des Doms läßt auf den ersten Blick zwei Bauepochen erkennen. Die Fensterwand des nördlichen Seitenschiffs, die zwischen Westbau und Querhaus eingespannt ist,

Nordfassade des Doms, im Vordergrund der Braunschweiger Burglöwe

zeigt Stilelemente der Spätgotik, während die Stirn des nördlichen Querhausarmes, der Obergaden des Mittelschiffs und der Westbau auf die Romanik verweisen. Die verschiedenen Epochen geben sich auch durch das unterschiedliche Baumaterial zu erkennen. Das spätgotische Seitenschiff ist aus sorgfältig behauenen Steinquadern errichtet, während das Mauerwerk des 12./13. Jh. durch den Wechsel von Rogenbruchstein vom Nußberg bei Braunschweig mit Muschelkalk-Haustein auffällt. Aus letzterem sind die romanischen Gliederungselemente gefertigt: Lisenen an den Kanten der Bauteile und architektonisch wichtigen Stellen sowie gestufte Rundbogenfriese als obere Abschlüsse der Wandfelder. Ein charakteristisches Merkmal des Braunschweiger Doms ist, daß die Lisenen nicht nur die Grenzen der einzelnen Mittelschiffjoche bezeichnen, sondern auch zwischen die romanischen Fensterpaare gesetzt sind. Für jeden Mittelschiffpfeiler im Dominneren steht also stellvertretend eine Lisene am Außenbau.

Rekonstruktion der Stiftskirche, Zustand Mitte 13. Jh., Modell im südlichen Seitenschiff

Am Obergaden des Mittelschiffs fallen zwei Unregelmäßigkeiten ins Auge: das kleeblattbogige Fenster im östlichen Joch und das höher ansetzende, westliche Fensterpaar. Das Anfang des 13. Jh. eingebrochene kleeblattbogige Fenster steht wohl im Zusammenhang mit der Errichtung des Grabes für Kaiser Otto IV. (†1218), den Sohn Herzog Heinrichs des Löwen. Es sollte sich auf die kaiserliche Grabstätte im Inneren beziehen und außen die Lage seines Grabes im Inneren kennzeichnen. Die höhere Lage des westlichen Fensterpaares erklärt sich daraus, daß dieser Teil des Kirchenbaus eine Art »Vorhalle« bildete, die in den Bau integriert war. Ein Modell der Stiftskirche im südlichen Seitenschiff, das den Zustand des Kirchenbaues um die Mitte des 13. Jh. rekonstruiert, zeigt in den beiden westlichen Jochen des romanischen Nordseitenschiffs ein höher ansetzendes Pultdach. Dadurch mußte zwangsläufig das Fensterpaar des Obergadens weiter hinaufgesetzt werden. Im spätgotischen Seitenschiff wurde die Ausformung der westlichen Seitenschiffjoche als Eingangsbereich beibehalten. Das Nordportal übernahm die Funktion des Hauptportals. Das Fenster neben dem Eingang wurde betont und im Gegensatz zu den übrigen Fenstern in vier Bahnen geteilt. Es weist als einziges in dieser Reihe auch Maßwerk auf.

Das Hauptportal des Doms ist von einem Kielbogen umrahmt, der mit Krabben geschmückt ist und oben in einer Kreuzblume endet. Diese sitzt zwischen den beiden schmalen Fensterbahnen, die sich über dem Portal erheben. Im unteren Drittel werden die Fenster außen von Fialen gerahmt. Fialen sitzen auch auf der das Seitenschiff horizontal abschließenden Maßwerkbalustrade: Sie erheben sich über den

Hauptportal des Doms auf der Nordseite, darüber Wappen des Stifters des nördlichen Seitenschiffs Ludolf von Quirre

Strebepfeilern und bilden optisch deren Verlängerung. Ebenso wie die Fenster bringen sie einen vertikalen Zug in die Front. Die acht großen Fenster mit ihren reich profilierten Gewänden sind bis auf das westliche in drei Bahnen unterteilt und schließen oben mit einem gebrochenen Sturz ab.

Im nördlichen Querhausarm befindet sich das legendäre **Löwenportal**, das einzige erhaltene romanische Portal des Braunschweiger Doms. Die tiefen Kratzer in seinem Gewände boten Anlaß für zahlreiche Legenden. Der Löwe, das Wappentier des Welfenherzogs, soll Einlaß in den Dom begehrt und seine Pranken in den Stein gehauen haben, denn das treue Tier wollte seinen Herrn im Tod nicht allein lassen. Auch das Schwertwetzen der in den Kampf ziehenden Ritter wurde mit den tiefen Furchen in Verbindung gebracht. Tatsächlich weisen die Kerben jedoch auf den Brauch des Sandauskratzens für Heilzwecke hin und sind an Kirchenbauten häufig zu beobachten. Man schrieb nicht nur den Reliquien Heiligkeit oder Heilkraft zu, sondern auch dem sie beherbergenden Bauwerk. Das Gesteinsmehl wurde deshalb als Heilmittel gegen vielerlei Krankheiten eingenommen. Das Löwenportal gehört zu den sog. Sockelumlaufportalen, d.h. der Sockel des Kirchenbaus knickt seitlich der Öffnung nach oben um und läuft um das Portal herum. Diese Art der Portalbildung wurde in der Romanik häufig angewandt; ein prominentes Beispiel hierfür ist der ebenfalls als Löwenportal bezeichnete Südwesteingang der Stiftskirche in Königslutter. Die eigentliche Pforte des Braunschweiger Löwenportals ist zusätzlich durch einen Kleeblattbogen ausgezeichnet. Hinterlegt ist die Portalanlage mit einer rechteckigen Schildfläche, auf der die Mittellisene des Querhauses aufsitzt. Die mehrfach gestufte Lisene entspringt dem Rundbogenfries unter dem Giebel. Sie läuft zwischen dem mittig gesetzten Fensterpaar hindurch auf das Löwenportal zu und geht dort in die rechteckige Schildfläche über. Das Giebelfeld des Querhausarmes zeigt als Gliederungselemente drei gestaffelte Blendfelder, deren oberer Abschluß ebenfalls durch einen Rundbogenfries gebildet wird. Das mittlere, höchste Feld enthält eine kleine Pforte. Die übrigen Öffnungen dienen der Belüftung des Dachstuhles.

Abbildungen dieser Seite:

Wasserspeier an der Nordfassade (oben)

Löwenportal im nördlichen Querhausarm (rechts)

Die Burg Dankwarderode

Der heutige Bau der Burg Dankwarderode ist ein historisierender Neubau aus der Zeit um 1900, der sich an der Pfalz Heinrichs des Löwen orientiert. Die romanische Burg, die bis 1279 der Sitz von Heinrichs Nachfolgern blieb, verfiel im Spätmittelalter. Herzog Friedrich Ulrich begann ab 1616 mit der umfassenden Wiederherstellung der Burg, die er bis 1640 zu einem Renaissanceschloß umbauen ließ. Die romanische Substanz wurde dabei vollkommen verbaut. Ein Brand 1873 ließ von der Burg nur die Ostmauer und die mittlere Arkadenreihe des Erdgeschosses übrig. Diese sollten zunächst niedergelegt werden, um eine großräumigere Gestaltung des Burgplatzes zu ermöglichen. Da man sie aber als die Reste der romanischen Anlage erkannte, stieß das Vorhaben auf Widerstand. Deshalb wurde der Architekt und Stadtbaurat Ludwig Winter (1843-1930) mit dem Wiederaufbau der Burg unter Einbeziehung der romanischen Reste beauftragt, den er in den Jahren 1887-1906 durchführte. Er lieferte auch die Vorlagen zur Ausgestaltung der Räume, nach denen der Braunschweigische Hof-Dekorationsmaler Adolf Quensen die Ausmalung ausführte. Als Architekt des Historismus schuf Winter nicht nur einen Nachbau, sondern ließ die Mittelaltervorstellungen seiner Zeit einfließen. Dies wird auch in seinen Zeichnungen spürbar, in denen er die Pfalzanlage Heinrichs des Löwen rekonstruierte.

Reste der Burg Dankwarderode, Aquarell von Constantin Uhde, 1887, Braunschweigisches Landesmuseum

Als Vorgänger der Pfalz des Sachsenherzogs konnte durch archäologische Untersuchungen ein Ansitz des 9. Jh. erschlossen werden, der wohl von den Brunonen errichtet worden war. Sie begannen im 10. Jh., ihn weiter auszubauen und zu befestigen. Natürlichen Schutz vor Angriffen bot die Oker, die östlich an der Anlage vorbeifloß (das ehemalige Flußbett ist heute durch einen Graben angedeutet). An den übrigen Seiten wurde das Areal mit Wassergräben umgeben. Das sumpfige Gelände in deren Vorfeld bildete eine weitere Barriere. Die erste schriftliche Erwähnung der Burg unter der Bezeichnung »*Tanquarderoth*« findet sich in einer Urkunde Kaiser Lothars III. aus dem Jahre 1134.

Luftaufnahme des Dombezirks, rechts Burg Dankwarderode, unten der Dom, links oben das »Vieweg-Haus«, heute Braunschweigisches Landesmuseum

Der Ausbau der Anlage durch Heinrich den Löwen erfolgte etwa ab dem Jahre 1150. Im Osten des Burgplatzes, an der Stelle des heutigen Baus, ließ er den zweigeschossigen Burgpalas errichten. Nordwestlich davon erhoben sich Wirtschaftsgebäude; südlich des Saalbaus schlossen sich Wohnbauten und eine doppelgeschossige Kapelle an, die den Heiligen Georg - dem klassischen Patron von Burgkapellen - und Gertrud geweiht war. Der Palas muß in den frühen 60er Jahren bereits weitgehend vollendet gewesen sein, da der Herzog 1164 eine Delegation des byzantinischen Kaisers Manuel I. in Braunschweig empfing. Auf der Südseite entstand ab 1173 die Stiftskirche St. Blasii, nachdem der brunonische Vorgängerbau abgebrochen worden war. Der Kreuzgang und die Stiftsgebäude lagen im Südosten der Kirche. Die Anlage war von einer Mauer ....

mit mehreren Türmen umgeben; ein Zugang erfolgte an der Westseite, an der Stelle, wo heute die Straße »Vor der Burg« in den Burgplatz mündet. Reste der Toranlage konnten innerhalb des »Vieweg-Hauses« (Burgplatz 1, heute Braunschweigisches Landesmuseum) nachgewiesen werden.

Das Aussehen des Burgpalas kann aufgrund der nach dem Brand 1873 vorgefundenen Reste in seinen Grundzügen rekonstruiert werden. Er nahm etwa die Fläche der heutigen Anlage ein und enthielt zwei repräsentative Säle. Der Raum im Erdgeschoß war durch steinerne Pfeiler mit Kantensäulen in zwei Schiffe geteilt. Eine Warmluftheizung machte ihn auch im Winter benutzbar. Überreste der Bauornamentik deuten auf Einflüsse aus dem Umkreis der Bauhütte der ab 1135 errichteten Stiftskirche in Königslutter hin. Den Raum im Obergeschoß stützten wohl Holzsäulen; über seine weitere Ausstattung ist nichts bekannt. Der Palas öffnete sich zum Burgplatz hin durch Dreierarkaden in beiden Geschossen. Die Ostmauer zur Oker war im Obergeschoß von ebensolchen Dreierfenstern (Triforien) durchbrochen, im Erdgeschoß wohl weitgehend geschlossen. Der Grundriß der Doppelkapelle im Süden des Saalbaues ist durch Grabungen belegt, Reste des Bauschmucks deuten wiederum auf Einflüsse aus Königslutter hin. Um 1900 errichtete man lediglich einen Turm als Erinnerung an die Kapelle; die Wohngebäude wurden nicht wiederhergestellt.

Die Burg Dankwarderode war für einen Fürsten dieser Zeit ungewöhnlich großzügig angelegt und aufwendig ausgestaltet. Mit ihr eiferte Heinrich der Löwe den königlichen Pfalzen nach, z.B. der Königspfalz in Goslar oder der ebenfalls um die Mitte des 12. Jh. von Kaiser Friedrich Barbarossa errichteten Pfalz in Gelnhausen. Heinrichs Anlage weist alle typischen Elemente einer Königspfalz auf: Palas, Doppelkapelle und Stiftskirche. Der Sachsenherzog wählte Braunschweig als Zentrum seiner Herrschaft und hielt hier »Hof«.

Die heutige Anlage erhebt sich auf einem Grundriß in Form eines leicht verzogenen Rechtecks (15 x 34m). Das Obergeschoß nimmt der »Rittersaal« ein, der ab 1982 nach den Vorgaben des 19. Jh. wiederhergestellt wurde. Die Mittelstützen wurden den von Winter entworfenen nachgestaltet. Im Erdgeschoß befindet sich der zweischiffige »Knappensaal«, der seit 1963 als Ausstellungsraum für die Mittelaltersammlung des Herzog Anton Ulrich-Museums dient. Zu sehen sind neben dem Original des Braunschweiger Burglöwen bedeutende Zeugnisse der sächsischen Geschichte, z.B. der bestickte Seidenmantel Kaiser Ottos IV., des einzigen Kaisers aus dem Geschlecht der Welfen und Sohn Heinrichs des Löwen.

Der Braunschweiger Burglöwe

Inmitten des Burgplatzes, auf den Eingang der Burg Dankwarderode gerichtet, erhebt sich das Löwenstandbild auf einem hohen steinernen Unterbau. Es wurde von Heinrich dem Löwen nach 1166 errichtet. Nach den Kämpfen gegen seine Konkurrenten in Sachsen, aus denen der Herzog als Sieger hervorgegangen war, setzte er mit dieser Skulptur ein Siegeszeichen. In der Haltung des Löwen, des Königs der Tiere, kommen gespannte Kraft und Stärke zum Ausdruck. Durch das geöffnete Maul scheint das Tier ein lautes Brüllen auszustoßen. Die durchgestreckten Vorderläufe und der nach hinten gereckte Leib, an dem Sehnen und Muskeln die Anspannung verraten, lassen im nächsten Moment einen Sprung erwarten.

Das Löwenstandbild ist eines der ältesten erhaltenen, frei aufgestellten, vollplastischen Standbilder des Mittelalters in Deutschland. Der ausführende Künstler ist nicht bekannt. Die Skulptur ist innen hohl und hat die beachtliche Größe von 178 cm in der Höhe sowie 280 cm in der Länge; ihr Gewicht beträgt ca. 850 kg. Das Metall stammt aus dem Rammelsberg bei Goslar. Ein Hohlguß dieser Größe erforderte hohes technisches Können. Man nimmt daher an, daß Glockengießer an der Herstellung beteiligt waren. Das war zu dieser Zeit durchaus üblich. So ließ z.B. Abt Suger von St. Denis bei Paris 1140 Bildhauer und Glockengießer berufen, um die Bronzetüren seiner Klosterkirche anzufertigen.

Im Braunschweiger Löwenstandbild sind verschiedenste Bedeutungsinhalte und eine Vielzahl von künstlerischen Einflüssen verarbeitet. Als Vorbilder werden u.a. Werke der romanischen Kleinkunst vermutet, sog. Aquamanilien. Dabei handelt es sich um figürliche Gießgefäße, die oft Tiergestalt annahmen oder als Fabelwesen gestaltet wurden. Löwenaquamanilien sind dem Braunschweiger Löwen ähnlich in der Haltung und den gestreckten Proportionen, wirken aber insgesamt stilisierter. Es fehlt ihnen in der Regel das betont löwenhafte Erscheinungsbild, die charakteristische Silhouette und die imposante Mähne.

Der Künstler des Braunschweiger Löwen stützte sich bei seiner Arbeit wohl auch auf andere Löwendarstellungen, möglicherweise spätantike oder byzantinische Elfenbeinarbeiten. Auch die eigentümliche Diskrepanz zwischen Seiten- und Vorderansicht - letztere wirkt wesentlich unbeholfener - läßt zweidimensionale Vorbilder vermuten.

Der Braunschweiger Burglöwe, Bronzestandbild auf dem Burgplatz, nach 1166

....

.... Heinrich der Löwe hat auf seinen Reisen auch italienische Löwenmonumente kennengelernt, die ihn vielleicht zur Aufstellung des Braunschweiger Standbildes angeregt haben. So besaßen z.B. die Markgrafen von Este, oberitalienische Verwandte des Sachsenherzogs, in ihrer Burg eine Löwenstatue. Diese konnte Heinrich der Löwe sehen, als er im Oktober 1154 Erbstreitigkeiten vor Ort beilegte. Eindruck werden auf ihn auch die antiken Bronzebildwerke gemacht haben, z.B. die berühmte Kapitolinische Wölfin, die zu dieser Zeit vor dem Lateranspalast in Rom aufgestellt war. Außerdem kannte er die im 2. Jh. entstandene Wölfin, die sog. Lupa, die Karl der Große aus Italien in seine Aachener Pfalz hatte bringen lassen. Heinrich hat sie bei der Königskrönung Friedrich Barbarossas in Aachen 1152 gesehen. Der Welfe, der sich im Widmungsgedicht seines Evangeliars als Enkel Karls des Großen *(nepos Karoli)* bezeichnen ließ, versuchte sicher, dem Vorbild des großen Karolingerkaisers mit der Aufstellung einer Großbronze in seiner Pfalzanlage nachzueifern.

Im Rahmen der herrschaftlichen Repräsentation galten Bronzebildwerke seit der Antike als Zeichen von Autorität und Legitimation, schon aufgrund des dauerhaften Materials. Die Kapi-

tolinische Wölfin war Symbol der Gerichtsbarkeit, der Herrschaft der Päpste über Rom, stand sie doch ursprünglich auf dem päpstlichen Gerichtsplatz. Der Löwe war im Mittelalter geradezu »Gerichtstier«; in zahlreichen Darstellungen wird er zu Füßen des Richters dargestellt. Auch sein Erscheinen an Herrscherthronen weist auf die richterliche Gewalt hin. Dies geht zurück auf den Thron des weisen alttestamentlichen Richters Salomo, der von Löwen umgeben war. Da im Mittelalter oft vor Portalanlagen Gericht abgehalten wurde - berühmtestes Beispiel hierfür ist die Goldene Pforte des Doms zu Freiberg/Sachsen -, ist auch verständlich, warum der Braunschweiger Löwe auf die Burg Dankwarderode, den Sitz des Sachsenherzogs, ausgerichtet ist. Vor ihrem Portal wird Herzog Heinrich der Löwe Recht gesprochen haben.
Von den vielschichtigen Bedeutungsebenen des Braunschweiger Löwenstandbildes seien noch zwei weitere erwähnt. Im Hochmittelalter finden sich, besonders in Italien, Löwen als Portalwächter vor Kirchen. Ein sächsisches Beispiel ist das Löwenportal in Königslutter, das von Künstlern aus Oberitalien gefertigt wurde. Die Löwen hatten dort apotropäische Funktion, d.h. sie dienten zur Abwehr des Bösen. Darüber hinaus wurden in der mittelalterlichen Gedankenwelt bestimmte Tiere mit Themen der christlichen Heilslehre in Verbindung gebracht. Das wichtigste Quellenwerk hierfür ist der »Physiologus«, eine im Kern aus der Antike stammende Sammlung von Tierlegenden, die durch christliche Symbolik ergänzt wurde. Am Anfang des Textes wird vom Löwen, dem König der Tiere, berichtet. Die Löwin soll demnach ihre Jungen tot gebären. Am dritten Tage nach der Geburt werden sie durch das männliche Tier erweckt, das ihnen den Atem des Lebens einhaucht. Christus wird mit dem Löwenjungen verglichen, da er von seinem Vater am dritten Tag nach seinem Tod auferweckt wurde. Der vor der Grabeskirche des Sachsenherzogs wachende Löwe könnte also durchaus auch diesen christlichen Sinngehalt widerspiegeln.
Heinrich ließ den Löwen wohl ursprünglich auf eine Säule oder einen Rundpfeiler setzen, der 1616 unter Herzog Friedrich Ulrich durch einen blockartigen Unterbau ersetzt wurde. Die Inschrift über dem Würfelkapitell der Frontsäule erinnert an diese Umgestaltung. Ein dabei angefertigter Schild für die Brust des Löwen trug ursprünglich das welfische Wappen, später wurde darauf eine Inschrift angebracht. Er befindet sich heute im Braunschweigischen Landesmuseum. 1858 wurde der Unterbau in historisierenden Formen erneuert. Während des Zweiten Weltkrieges war der Löwe im Rammelsberg bei Goslar eingelagert; am 29. März 1946 kehrte er wieder auf den Braunschweiger Burgplatz zurück. Das Original befindet sich heute im Herzog Anton Ulrich-Museum, nachdem man 1980 einen Abguß auf dem Burgplatz aufgestellt hatte.

Blick auf den Braunschweiger Burglöwen und den Westbau des Doms

Unter dem Zugang von der Burg Dankwarderode in den Nordquerarm des Doms hindurch gelangt man auf die Ostseite des Kirchenbaues. Der Übergang entstand zusammen mit der Rekonstruktion der Burg um 1900. Es ist aber gesichert, daß auch zur Zeit Heinrichs des Löwen ein Zugang von der Burg in die Stiftskirche führte. Er befand sich allerdings nicht an derselben Stelle, sondern etwas weiter östlich, im Bereich der beschädigten Kante des Querhauses. Der Zugang führte von den Wohngebäuden der Burg in den Dom, die weiter im Osten standen und bei der Rekonstruktion der Burg Dankwarderode um 1900 nicht wiedererrichtet wurden.

Ostbau und Südseite

Am Ostbau des Braunschweiger Doms ist das architektonische Prinzip der Romanik gut zu erkennen, das geometrische Körper addiert und zu einem komplexen Raumgefüge kombiniert. Die Teilkörper sind jeder für sich gestaltet, z.B. durch Lisenen oder Rundbogenfriese - an den Apsiden zusätzlich noch durch einen Perlstab -, doch erreichen sie ihre volle Wirkung erst miteinander. Eine Konzentration zur Mitte hin ist auffallend. Die zwei Nebenapsiden sind aus der Mittelachse des Querhauses zum Chorraum hin gerückt. Die Fensterpaare darüber sind zur Apsis ausgerichtet und damit ebenfalls aus der Mittelachse der Wandfläche verschoben. Dadurch entsteht eine Steigerung zum Chorraum, zum liturgisch wichtigsten Bauteil hin. Zusammengebunden werden die einzelnen Baukörper durch einen einheitlichen Sockel. Die Fenster über dem Sockel der Chorapsis dienen zur Belichtung der Krypta. In eine der Lisenen der Chorapsis ist eine Kanonenkugel mit der Datierung »20. August 1615« eingemauert. Sie erinnert an die Auseinandersetzungen zwischen der Stadt Braunschweig und den welfischen Herzögen, bei denen auch der Dom in Mitleidenschaft gezogen wurde.

Ostbau des Doms, rechts Übergang zur Burg Dankwarderode

Links von der südlichen Nebenapsis ist eine zugesetzte Pforte zu erkennen, die ehemals den Zugang von der Kirche in den südöstlich anschließenden Kreuzgang bildete. Nach dem Abriß der Stiftsgebäude ab 1830 wurde die Pforte mit dem Grabstein der Lucia Elders (†1650) verschlossen. Über dem Portal ist eine zugemauerte Öffnung zu erkennen, die in den oberen Teil des an dieser Stelle zweigeschossigen Kreuzganges führte. Sein Dachansatz ist noch an der Kantenlisene zu erkennen. An den südlichen Querhausarm schließen sich die Sakristei und die Taufkapelle an, die von Ernst Wiehe in den Jahren 1889-1891 erbaut wurden.

Die **Südseite** der Kirche, die auf den Domplatz ausgerichtet ist, wird geprägt von der Aneinanderreihung der acht Giebelfronten. Sie schließen die Zwerchdächer ab, mit denen das südliche Seitenschiff gedeckt ist. Auch an der Südseite besteht wie an der Nordfront ein Kontrast zwischen dem Quadermauerwerk des gotischen Seitenschiffs und den romanischen Bruchsteinwänden. Sieben der Giebel erheben sich über Maßwerkfenstern, der westlichste über einem Rundfenster und dem darunterliegenden Portal. Die dreibahnigen Maßwerkfenster füllen nicht die gesamte Mauerfläche zwischen den Strebepfeilern aus, ein Stück der Wand bleibt zu beiden Seiten stehen. Eine geschlossene Mauerfläche zeigen auch die Giebel, deren einzige Schmuckelemente die abschließenden Kreuzblumen sind. Zwischen den großen Giebeln sitzen kleine Giebelchen, ebenfalls mit abschließender Kreuzblume, aus denen die Wasserspeier über den Strebepfeilern hervorspringen. Den Strebepfeiler über dem Ostportal

fängt eine Blattwerkkonsole ab. Das Motiv ist eine Reminiszenz an das romanische Löwenportal, über dessen Scheitelpunkt die Mittellisene auf der rechteckigen Schildfläche aufsitzt. Durch das östliche Portal wird auch das Gesims unterbrochen, das um die Strebepfeiler herumgeführt ist. Im westlichsten Joch dagegen ist das Gesims höher gesetzt und verläuft über dem Portal. Darunter ist die Inschrift zu sehen, die auf den Umbau des Seitenschiffs 1346 hinweist. Links neben dem Eingang erinnert eine Tafel vom 6. Juli 1997 an die Verbindung zwischen dem Braunschweiger Dom und der Abbey St. Peter und Paul in Bath / England.

Zuoberst im Giebel ist eine **Sonnenuhr** mit der Jahreszahl 1518 zu sehen. Sie gehört zu den vier Uhren, die sich auf der Südseite des Braunschweiger Doms erhalten haben, und an denen sich die verschiedenen Entwicklungsstufen der Sonnenuhren ablesen lassen. Vor der Verbreitung von mechanischen Uhren waren Sonnenuhren die wichtigsten Zeitmesser. Am zweiten und vierten Strebepfeiler von Westen sind zwei Sonnenuhren aus dem 14. Jh. erhalten. Sie entstanden kurz nacheinander, 1334 und 1346, und zeigen eine einfache Ausformung als Halbkreis.

Bath-Abbey-Portal, Südfassade, im Giebel Sonnenuhr von 1518

Blick auf die Südfassade am Domplatz, rechts die neuromanische Taufkapelle

Sonnenuhr von 1334 mit falsch eingetragenen Stundenlinien (links)

Die Mittagslinie verläuft senkrecht nach unten. In ihrem Anfangspunkt war der Schattenstab anzubringen. Die Stundenlinien der früher entstandenen Uhr sind falsch eingetragen, der Abstand zwischen ihnen wird vom oberen Rand des Steines her breiter. Richtig wäre es umgekehrt, sie müßten von der Mittagslinie aus breiter werden. Dies hat man wohl bald bemerkt, da man knapp zwanzig Jahre später eine zweite Sonnenuhr anbrachte, diesmal mit korrekter Linienführung. Die große Tafelsonnenuhr am südlichen Turm entstand im Jahr 1716. Das auf einem Schriftband über der römischen Zahl XII zu erkennende Monogramm FEM erlaubt es, die Uhr dem Braunschweiger Mechaniker Franz Ernst Müller zuzuschreiben. An der Tafelsonnenuhr sind nicht nur die Tageszeiten und einige astronomische Daten abzulesen, sie ist auch als Kalender zu benutzen.

Die Grabsteine auf der Südseite erinnern daran, daß sich hier einst der Friedhof der Stiftskanoniker befand. An der Westwand des Seitenschiffs hängt das stark verwitterte Epitaph des Dompfarrers Ludolf Kerkhoff (†1472). Gerahmt von der umlaufenden Inschrift, ist die dominierende Figur eines kreuztragenden Christus zu erkennen, neben der rechts unten in kleinerem Maßstab wohl der Prediger selbst dargestellt ist. Nicht mehr zuzuordnen ist ein ovales Barockepitaph im dritten Joch von Westen, das wie die anderen Grabplatten stark unter den Einflüssen der Witterung gelitten hat. Zwei Joche weiter östlich ist das Epitaph des Kanonikers Heinrich Müller zu sehen. Der im 16. Jh. entstandene Stein zeigt über der Inschrift das Brustbild des Verstorbenen. Der Domplatz, in dessen östlichem Bereich vor der Aufhebung des Blasiusstiftes 1803 die Gebäude der Kanoniker lagen, wurde ab 1998 einer Neugestaltung unterzogen.

Tafelsonnenuhr von 1716 (unten)

Der Westbau

Dominiert wird der Braunschweiger Dom von dem Westbau, der sich aus drei Geschossen zusammensetzt. Die untere, blockartig geschlossene Front wird von einem Rundbogenfries, der in Höhe der ehemaligen romanischen Seitenschiffdächer ansetzt, nach oben hin abgeschlossen. Ein Zugang im Westen war ursprünglich wohl nicht vorhanden.
Das heutige neuromanische Portal von 1853 ersetzt eine 1813 eingebrochene Pforte. Auffallend sind auch am Westbau wieder die mittig in die Wandflächen gesetzten Lisenen an den Schmalseiten, ein Leitmotiv der Architektur des Doms. Die an den Kanten des Untergeschosses aufgelegten Rundstäbe ziehen sich ebenfalls wie ein roter Faden durch den Kirchenbau und finden sich im Inneren des Doms auch an den Pfeilern und Wandvorlagen wieder. Am Untergeschoß des Westbaues akzentuieren sie zusätzlich zu den Lisenen die Gebäudekanten und bilden zusammen mit diesen dessen einzige Vertikalgliederung. Im mittleren Geschoß wird der Akzent noch verstärkt, da jedem Rundstab zwei weitere hinzugefügt wurden. Die Kanten des Baues werden auf diese Weise sehr stark betont. Die Türme sind noch in den Mauerblock eingebunden und treten nur auf drei Seiten in Erscheinung. Die Überleitung vom Untergeschoß übernehmen an den Ecken halbe Pyramiden.
Den geschlossenen Mauerblock des mittleren Geschosses brechen eine Rundöffnung in der Mitte sowie ein Biforium und zwei Rundbogenfenster in der oberen Hälfte auf. Die Speichen des Radfensters wurden im 19. Jh. in den Vielpaß eingefügt, der auf dem Stiftermodell am Grabmal Heinrichs des Löwen zu erkennen ist. Erst im dritten Geschoß, über einem den ganzen Baukörper umziehenden Gesims, treten die beiden oktogonalen Türme aus dem Mauerblock hervor. Auch der Rundstab an ihren Kanten scheint wie aus dem Mau-

Blick von Osten auf das Glockenhaus

erwerk befreit und ist beinahe vollrund vor die Wand gesetzt. Zwischen den Türmen ist auf die ganze Breite das Glockenhaus mit seinen schlanken Flankentürmchen eingefügt. Es folgt im Aufbau einem gotischen Maßwerkfenster, das sich aus mehreren Bahnen zusammensetzt, auf denen das Couronnement im abschließenden Bogenfeld aufsitzt. Im Osten sind es sechs Bahnen, von denen drei zusammengefaßt werden. Sie tragen jeweils drei Dreiblätter, die in einen Kreis einbeschrieben sind. Zuoberst ist ein Kreis mit einer Fünfblattform zu sehen. Darüber schließt ein krabbenbesetzter Wimperg den Aufbau ab, der in einer Kreuzblume endet. Die Westansicht zeigt ebenfalls sechs Bahnen; im Couronnement sind drei große Kreise einbeschrieben, die rosenartige Gebilde zeigen. Auch hier überhöht ein Wimperg den Aufbau nach oben hin.
Der Westbau des Braunschweiger Doms steht in der Tradition der sogenannten »sächsischen Westriegel«, wie sie beispielsweise an den Stiftskirchen in Königslutter oder Bad Gandersheim zu sehen sind. Kennzeichnend hierfür ist der wuchtige, geschlossene Mauerblock, in den die Türme eingebunden sind und erst im oberen Bereich frei hervortreten. Bisweilen kommt es gar nicht zur Ausbildung von Türmen, wie z.B. an der Stiftskirche in Königslutter, wo der Mauerblock das Langhaus weit überragt und lediglich niedrige Aufsätze als Abschluß besitzt. Der Westabschluß des Braunschweiger Doms wirkte prägend auf die Westbauten der Braunschweiger Pfarrkirchen.

Blick auf den Westabschluß und die Südseite des Doms (linke Seite)

Arkadenbögen und Würfelfries an der südlichen Wand des Mittelschiffs (rechts)

Der Innenraum des Braunschweiger Doms

Trotz der späteren Veränderungen und Umbauten bestimmt die romanische Pfeilerbasilika des 12. Jh. den Raumeindruck. Die in allen ihren Teilen auf Wölbung angelegte Stiftskirche gehört in die Reihe der frühesten, durchgehend gewölbten Großbauten Niedersachsens und wirkte mit ihrem Wölbsystem prägend auf eine Reihe von Kirchenbauten (z.B. Braunschweiger Pfarrkirchen St. Martini, St. Katharinen und St. Andreas, Marktkirche in Goslar etc.).

Das Bauschema des gebundenen Systems - einem Mittelschiffjoch entsprechen jeweils zwei Seitenschiffjoche - entwickelt sich ausgehend vom Maß des Vierungsquadrates, das in Chor, Querschiff und Langhaus wiederholt ist. Im Zentrum des Ostbaus steht die Vierung, die durch vier große Scheidbögen von Querhaus, Chor und Mittelschiff getrennt wird. Man spricht bei dieser Art der Vierung von einer ausgeschiedenen Vierung. Ihre Wölbung ist an den Eckpfeilern vorbereitet, die zu diesem Zweck mit Vorlagen ausgestattet sind. Der Pfeiler selbst tritt nur noch zwischen den Vorlagen mit seinen Kanten in Erscheinung. Von diesen Kanten gehen über dem abschließenden Kämpfer die Grate des Gewölbes aus. Die Pfeilervorlagen tragen die vier mächtigen Scheidbögen. Zur Vierung hin sind die Vorlagen im unteren Drittel auf einer Viertelkreiskonsole abgefangen. Dies erklärt sich aus der ursprünglich hier eingebauten Chorschranken- und Lettneranlage, die einst Chorraum und Vierung von Querschiff und Langhaus abtrennte. In dem Dommodell im südlichen Seitenschiff wurden die Chorschranken nach den erhaltenen Beispielen in St. Michael in Hildesheim oder der Liebfrauenkirche in Halberstadt rekonstruiert (Abb. S. 27). Die Lettneranlage wurde nach dem Vorbild der Anlage im Dom zu Halberstadt gestaltet. Das Chorgestühl für die Kanoniker des Stiftes St. Blasii stand entweder in der Vierung oder im Chor.

Das Kreuzgratgewölbe des Chorraumes wird ebenfalls an den Eckstützen vorbereitet. Die Apsis schließt nach einem Bogen an, der im Gegensatz zu den anderen Bögen in der Mitte geknickt ist. Er folgt damit der Wölbung, die im Querschnitt nicht aus halbkreisförmigen, sondern aus leicht zugespitzten Bögen besteht. Dadurch entsteht zwischen ihm und dem Apsisbogen eine Zwickelfläche, die mit Malerei geschmückt wurde. In der Vierung und im Querhaus sind diese Zwickel zwangsläufig auch vorhanden, da hier ebenfalls eine Diskrepanz zwischen den runden Vierungsbögen und der im Querschnitt spitzbogigen Gewölbe entsteht. Im Mittelschiff geben sich die zugespitzten Gewölbe am Schnittpunkt von Obergadenwand und Wölbung zu erkennen. Sie hatten den Vorteil, daß der Großteil des Gewölbeschubes nach unten und nicht seitlich abgeleitet wurde. Die Vorbilder dieser zugespitzten Bögen und Kreuzgratgewölbe sind in der romanischen Kunst Frankreichs zu suchen, die hier wohl erstmals in Deutschland zur Ausführung kamen. Auch im Ostbau der Stiftskirche in Königslutter sind nur runde Gewölbebögen zu finden.

Da im Mittelschiff auf Gurtbögen und damit auf eine klare Trennung der einzelnen Joche im Gewölbe verzichtet wird, entsteht eine durchgehende Wölbfläche, wodurch der Raum einen starken Tiefenzug zum Chorraum hin erfährt.

Baukran in der Treppenspindel des Nordturms

Kapitelle der Kantensäulen an den Mittelschiffpfeilern

Die Fenster mußten, um nicht mit der Wölbung in Konflikt zu geraten, in der Mitte der Joche zusammengerückt werden. Sie liegen deshalb nicht auf einer Achse mit den Scheitelpunkten der Arkadenbögen. Die Bögen der Arkaden ruhen auf verschieden gestalteten Pfeilern. Einfache querrechteckige Pfeiler wechseln mit asymmetrisch geformten Kreuzpfeilern ab. Deren unregelmäßiger Grundriß erklärt sich aus den Pfeilervorlagen, die unterschiedlich angelegt sind. Wie im südlichen Seitenschiff noch zu sehen ist, sind die Vorlagen zu den Seitenschiffen hin als Auflager für die Gurtbögen bestimmt. Sie sind schmäler und weniger tief als die Vorlagen im Mittelschiff. Denn diese tragen die Gewölbe und mußten daher kräftiger angelegt sein. Die an den Vorlagen zu beobachtenden, vom Boden bis zum Gewölbe durchlaufenden Kantensäulen sind an allen Pfeilern und Vorlagen im Mittelschiff und im Ostbau zu sehen. Sie erscheinen zwar bereits vor der Stiftskirche St. Blasii in der sächsischen Baukunst, z.B. in der ehem. Benediktinerinnen-Klosterkirche Lippoldsberg an der Weser (1140-50), gelangten aber erst in der Nachfolge des Braunschweiger Doms zu einer weiteren Verbreitung. Enge Verwandtschaft mit dem Dom zeigt die Ausbildung der Pfeilervorlagen von St. Martini in Braunschweig.

Wendeltreppe im Inneren des Nordturms

Die Kapitelle der Kantensäulen zählen zu dem kargen romanischen Bauschmuck des Braunschweiger Doms. Neben dem vorherrschenden Würfelkapitell finden sich mit Lilien, Farnblättern und Palmetten verzierte Kelchblockkapitelle. Sie dokumentieren die präzise Arbeit der Steinmetzen. Ein wichtiges Detail sind die kleinen Abtreppungen zwischen Pfeiler und Kantensäulen, die eine Überleitung zwischen Pfeilerkern und Säulenschäften bilden, jedoch im Kapitell verschwinden. Die Kapitelle nehmen die Kante des Pfeilers in ihrer Form auf und führen sie in die Rundung über.

Ein weiteres romanisches Dekorationsmotiv ist der Schachbrett- oder Würfelfries, der über den Arkaden des Mittelschiffs verläuft. Er ist nicht nur in seiner Funktion als horizontales Gliederungselement, sondern auch als Schmuck an Portalumrahmungen oder Kämpferplatten von Kapitellen anzutreffen, z.B. an den Pfeilern in der Krypta des Doms. Im westlichen Mittelschiffjoch setzt der Würfelfries höher an, was mit der Betonung dieses Bereiches als Eingangsjoch zusammenhängt. Um durch das höher gesetzte Fensterpaar in der Proportion bleiben zu können, sind die Mittelschiffpfeiler hier ebenfalls höher, wodurch zwangsläufig auch die Arkadenbögen sowie der darüber verlaufende Fries weiter oben ansetzen.
Das Mittelschiff schließt im Westen mit einem Gurtbogen ab. Der westliche Mittelschiffpfeiler weist daher folgerichtig zwei Vorlagen auf - eine für das Gewölbe, eine für den Bogen. Dieser grenzt den Mittelteil des Westbaus ab, der sich bis über das Rundfenster hinauf zum Innenraum öffnet. In der ursprünglichen Planung könnte hier eine Empore für den Herzog vorgesehen gewesen sein, nach dem Vorbild der mittelalterlichen Kaiseremporen. Während der Südturm nur ein Gewölbe im unteren Geschoß aufweist, ist der Nordturm durch eine Wendeltreppe erschlossen. Im Inneren ihrer Spindel verbirgt sich eine Besonderheit. Dort steckt ein über 19 Meter hoher Fichtenstamm, der während der Errichtung der Stiftskirche als Lastkran diente. Im oberen Teil des drehbaren Stammes konnte man einen Ausleger befestigen und über Rollen und Seilzüge Baumaterial nach oben befördern.

Eine der Säulen in der Hallenkrypta mit Würfelkapitell und Eckzier an der Basis

Die Hallenkrypta

Der älteste Bauteil des Braunschweiger Doms ist die dreischiffige Hallenkrypta, die sich unter der Vierung und dem Hohen Chor erstreckt. Sie beherbergt die Särge der Welfen aus der Linie Braunschweig-Bevern, die seit dem 17. Jh. hier ihre Grablege hatte. Die Krypta besteht aus zwei Teilräumen und der abschließenden Apsis. Die drei aufeinanderfolgenden Räume sind durch Scheidarkaden klar voneinander abgegrenzt. Das gurtlose Kreuzgratgewölbe des sechsjochigen Raumes unter dem Chorquadrat tragen zwei Pfeiler, während in dem neunjochigen Raum unter der Vierung vier Säulen die Stützfunktion übernehmen. Drei der Säulenschäfte aus Sandstein sollen angeblich aus dem Vorgängerbau, der Stiftskirche der Brunonen, übernommen worden sein. Die vier Säulen tragen Würfelkapitelle, ihre Basen sind mit Eckzier belegt.
Der Raum ist für eine Unterkirche verhältnismäßig hell, da er nicht wie für eine Krypta üblich unter dem Bodenniveau liegt und so von außen belichtet werden konnte. An den Pfeilern vor der Apsis sind wiederum der Schachbrettfries und die Kantensäulen zu sehen. Interessante Formen weisen die Wandvorlagen und die Pfeiler im zweiten Abschnitt auf. Ihre Kanten zeigen eine Abfasung (Kehlung), die oben und unten spitz zuläuft. Dieses Motiv entspricht zisterziensischen Baugepflogenheiten und findet sich auch an der Klosterpforte des Zisterzienserklosters Riddagshausen bei Braunschweig, die dem späten 12. Jh. entstammt. Möglicherweise war die dortige Bauhütte am Braunschweiger Dom tätig. Ursprünglich gelangte man direkt vom Langhaus in die Krypta. Sie war über zwei Eingänge zu seiten des Kreuzaltares zugänglich, dort wo heute die Treppen zur Vierung hinaufführen. Der jetzige Zugang wurde nach 1687 geöffnet.

Pfeilervorlage mit Schachbrettfries in der Hallenkrypta

Welfischer Löwe und Brandenburgischer Adler, Schlußsteine im südlichen Seitenschiff

Das südliche Seitenschiff

Das Südseitenschiff setzt sich aus zwei Teilräumen zusammen: dem romanischen Schiff und dem Anbau des 14. Jh. Dieser ist mit Kreuzrippengewölben versehen, deren Rippen unterschiedlich profiliert sind. In den Schlußsteinen sind neben gotischen Blattmasken der welfische Löwe und der brandenburgische Adler zu sehen, die Wappentiere Herzog Ottos des Milden und seiner Gemahlin Agnes von Brandenburg, die das südliche Seitenschiff gestiftet haben. Die Gurtrippen, die die einzelnen Joche trennen, werden an den Mittelstützen und an den Außenwänden auf Konsolen in verschiedener Höhe abgefangen. Die Konsolen haben unterschiedliche Ausformungen: rein stereometrisch oder mit Fratzen sowie Blattwerk verziert. Die Fenster zeigen gotisches Maßwerk mit Dreiblättern und Vierpässen. Über dem westlichen Portal öffnet sich ein Rundfenster. Schlichte Kreuzgratgewölbe, alle zwei Joche durch dicke Bandrippengurte getrennt, überwölben den romanischen Teil. Die Gewölbefüße ruhen auf den Kämpfern der Pfeiler, für die Gurtbögen sind Vorlagen angebracht, die im Gegensatz zu den Vorlagen des Mittelschiffs keine Kantensäulen aufweisen. Die Zusammenfassung von zwei Jochen folgt dem gebundenen System.

Blick in das Gewölbe des südlichen Seitenschiffs

Die Spätgotik im Nordseitenschiff

Betritt man durch das Hauptportal den Dom, so steht man unmittelbar in der lichtdurchfluteten spätgotischen Nordhalle. Große Fenster, schlanke Pfeiler und verschiedene Gewölbefigurationen bestimmen den Raumeindruck. Die Halle ist ebenso wie das Südseitenschiff in acht Joche eingeteilt, auf deren Grenzen sieben Rundpfeiler stehen. Ihnen sind jeweils vier Dienste aufgelegt, die sich in gegenläufiger Bewegung um den Pfeilerkern nach oben schrauben. Über einer reich profilierten Kämpferplatte setzen

Blick in das Gewölbe der spätgotischen Nordhalle

Engelsbüste mit Wappenschild, darüber an der Konsole Steinmetzzeichen, Westwand des nördlichen Seitenschiffs

die Gewölbe an, die eine Busung aufweisen, d.h. der Scheitel der Gewölberippen liegt höher als der der quer verlaufenden Gurtbögen. Die Form der Gewölbe wechselt alle zwei Joche. Auf vier Rautengewölbe im Osten, das aus der Durchdringung von zwei Rippendreistrahlen gebildet wird, folgen vier Sterngewölbe. Das folgende Netzgewölbe wird aus parallelen Rippenpaaren gebildet. Die komplizierteste Figuration weisen die vier westlichen Joche auf. Eine große Raute im Zentrum, die mit den Ecken des Gewölbefeldes durch Rippen verbunden ist, wird durch ein Kreuz in vier kleinere Rauten eingeteilt. Von den Endpunkten dieses Kreuzes gehen Rippen bis in die Jochecken weiter. Dem komplizierteren Gewölbe entspricht ein komplex gestalteter, gewundener Pfeiler. Die vier Dienste, die sich wie bei den übrigen Stützen um den Pfeilerkern legen, bleiben zwar noch erkennbar, doch sind sie und der Pfeilerkern mehrfach gekerbt. Sowohl Pfeilersockel als auch Kämpfer zeigen zahlreiche Abtreppungen und Profilierungen. Auffallend ist in den beiden westlichen Jochen auch die andersartige Ausformung der Gewölbekonsolen. Während in den übrigen Jochen Fratzenkonsolen vorherrschen, sind hier Kopfkonsolen zu finden, die porträthafte Züge aufweisen. An der westlichen Abschlußwand sitzt das Gewölbe auf einer auffallend reich profilierten Konsole auf, die im Nacken einer wappentragenden Engelsbüste endet. Über dem Engel ist ein Steinmetzzeichen angebracht, das noch nicht mit einem der ausführenden Steinmetzen in Verbindung gebracht werden konnte. Der Wappenschild, an dem sich ebenso wie an dem Engel Reste der farbigen Fassung erhalten haben, zeigt ein Kreuz.

Die nördliche Seitenschiffhalle bildet innerhalb der Architektur des Braunschweiger Doms einen eigenen, in sich geschlossenen Raum aus. Durch die ausgeprägte Höhenerstreckung, die Schraubbewegung der Rundpfeiler nach oben und die gebusten Gewölbe erhält das Schiff einen eigenständigen Charakter, vergleichbar mit zweischiffigen Kirchenbauten der Spätgotik.

Die Kunstwerke des 12. und 13. Jh.

Der Marienaltar

Das zentrale liturgische Ausstattungsstück des Braunschweiger Doms ist der Marienaltar im ersten Joch des Langhauses. Fünf aus Bronze gegossene, schlanke Säulen tragen die neun Zentner schwere Altarplatte aus grauschwarzem Marmor. An den Kapitellen der vier Ecksäulen recken sich vier Adler in alle Himmelsrichtungen empor. Mit Leichtigkeit scheinen sie die schwere Last der Platte auf ihren Schwingen zu balancieren. Zwischen ihnen wachsen Blätter aus dem Kapitellring, die sich nach außen umbiegen. Nur mit Blattwerk geschmückt ist

links:
Deckel des Reliquiengefäßes aus dem Kapitell der mittleren Bronzesäule

das Kapitell der fünften, etwas dickeren Säule in der Mitte der Altarplatte. Als deren Kapitell am 1. Dezember 1966 - anläßlich der Versetzung des Altares an seinen heutigen Standort - geöffnet wurde, kam ein Gefäß aus Blei zum Vorschein, das u.a. zahlreiche Reliquien enthielt. Dessen Deckel zeigt eine eingeritzte Inschrift, die Patronat und Stifter des Altares sowie den Weihbischof und das Weihedatum 1188 nennt:

+ ANNO. D[OMI]NI. M. C. LXXX. VIII. DEDICATV[M]. EST. HOC. ALTARE IN. HONORE. BEATE. DEI. GENETRICIS. MARIE. / + AB. ADELOGO. VENERABILI. EP[ISCOP]O. HILDELSEM[EN]SI. FVNDANTE. AC. PROMOVE[N]TE. ILLVSTRI. DVCE. HENRICO. / + FILIO. FILIE. LOTHARII. INPERATORIS. ET RELIGIOSISSIMA. EIVS. CONSORGE. MATHILDI. / + FILIA. HENRICI. SECVNDI. REGIS ANGLOR[UM]. FILII. MATHILDIS. I[M]P[ER]AT[RI]CIS. ROMANOR[UM] = *Im Jahre des Herrn 1188 ist dieser Altar zur Ehre der seligen Gottesgebärerin Maria von Adelog, dem ehrwürdigen Bischof von Hildesheim, geweiht worden, durch Stiftung und auf Veranlassung des erlauchten Herzogs Heinrich, des Sohnes der Tochter des Kaisers Lothar, und seiner sehr frommen Gemahlin Mathilde, der Tochter Heinrichs II., des englischen Königs, des Sohnes der Kaiserin Mathilde.*

Die Inschrift ist in mehreren Kreisen um eine Ritzzeichnung angeordnet, die eine thronende Sitzfigur mit zwei Kirchenmodellen zeigt. Möglicherweise ist damit Herzog Heinrich der Löwe gemeint, es könnte sich aber auch um Bischof Adelog von Hildesheim handeln. Sein Siegel, das sich ebenfalls in dem Bleigefäß befand, weist ein ganz ähnliches Motiv auf. Die Unterseite des Deckels zeigt drei bis heute nicht zu deutende Gravurfragmente, die einen bärtigen Männerkopf, ein Ornamentband und einen Löwen darstellen. Sie könnten auch zu einem späteren Zeitpunkt angebracht worden sein, da sich in dem Gefäß verschiedene Schriftstücke befanden, die Untersuchungen des Kapitells in den Jahren 1686, 1709 und 1881 belegen. Anläßlich der Öffnung im Jahre 1709 übergab Herzog Anton Ulrich die 43 wohl anläßlich der Weihe 1188 eingelegten Reliquien dem Abt des

Marienaltar, geweiht 1188 (unten)
Detail: Adlerkapitell einer Bronzesäule

Klosters Corvey. Die 1966 vorgefundenen Heiligenknochen waren 1881 vom Imervard-Kreuz in den Marienaltar übertragen worden. Im Hinterkopf des Kruzifixus befindet sich eine verschließbare Öffnung für Reliquien. Es handelte sich dabei wohl um Reliquien, die Heinrich der Löwe von seiner Pilgerreise ins Heilige Land mitgebracht hatte.
Seit dem Frühmittelalter war die Niederlegung von Heiligenreliquien in Altären vorgeschrieben. Sie mußten unter oder im Altar in einem *»Sepulcrum«* (Grab) eingeschlossen werden, zusammen mit dem Siegel des weihenden Bischofs oder Abts. Am Braunschweiger Marienaltar übernimmt das Kapitell der mittleren Säule diese Funktion. Die das Sepulcrum umkreisenden Adler an den Kapitellen der Ecksäulen haben symbolische Bedeutung. Nach der Auslegung von Matthäus 24,28 durch den Kirchenvater Ambrosius stehen sie für die Gläubigen, die die Nähe zum Leib Christi suchen. Im »Physiologus« - einer im Kern aus der Antike stammenden, durch christliche Symbolik ergänzten Sammlung von Tierlegenden - ist der Adler als König der Vögel bezeichnet. Wenn er alt ist, fliegt er zur Sonne, verbrennt seine Flügel und taucht dann dreimal in eine Quelle. Danach setzt er sich in die wärmende Sonne und wird wieder jung. Der Adler steht damit für den Gläubigen, der seine Sünden abstreift und durch Gottes wärmende Güte jung wieder aufersteht.
Der Marienaltar war im 12. Jh. im Bereich der Vierung aufgestellt *(in medio choro beati Blasii)*, während der Siebenarmige Leuchter im ersten Joch des Langhauses, vor dem Kreuzaltar, stand. Die Analyse der Bronzelegierung der Säulen ergab Übereinstimmungen mit der des Leuchters. Es wird heute als nahezu sicher angesehen, daß alle drei erhaltenen Bronzekunstwerke des Braunschweiger Burgbereiches - Marienaltar, Leuchter und Burglöwe - von derselben Werkstatt vor Ort gefertigt wurden. In jüngster Zeit wurden Risse an den Säulen entdeckt, die eine Restaurierung notwendig machen.

Der Siebenarmige Leuchter

Der beeindruckende Siebenarmige Leuchter gehört zu den wenigen erhaltenen Exemplaren mittelalterlicher Bronzeleuchter. Er hat eine Höhe von beinahe fünf Metern; die beiden äußeren Arme streben in einem Abstand von ca. vier Metern nach oben. Der Leuchter ist aus 74 Einzelteilen in Hohlgußtechnik gefertigt und wiegt über 400 kg. Zusammengefügt wurden die Elemente durch Zapfen- und Hülsenverbindungen, die durch die Knäufe und Blattkränze verdeckt sind. Bemerkenswert ist die außerordentliche Qualität des Bronzegusses und der darauffolgenden Überarbeitung und Ziselierung. Davon zeugt u.a. die relativ geringe Wandstärke der Einzelteile, die im Durchschnitt 4 mm beträgt.

Obwohl wir über seine Entstehung keine Nachrichten haben, ist der Leuchter sicher als Stiftung Heinrichs des Löwen anzusehen und zusammen mit dem Marienaltar um 1188 entstanden. Er wird bereits 1196 in einer Urkunde des Blasiusstiftes genannt, die auch seinen ursprünglichen Standort erwähnt. Damals befand er sich im ersten Joch des Mittelschiffs vor dem Kreuzaltar, zu Füßen des Grabes Heinrichs des Löwen, gleichsam als Totenleuchter.

Der Leuchter steht auf vier sitzenden Löwen, auf deren Rücken eine Schale aufliegt. Fauchende Drachen, die sich auf diesen Schalen erheben, bilden die eigentlichen Leuchterfüße. Ihre fein ziselierten Flügel wachsen direkt aus dem Ansatz der Vorderläufe hervor und begleiten den gespannten Drachenleib nach oben, wo er zum untersten Knauf des Leuchterstammes überleitet. Der Drachenschwanz rollt sich hier zu einer Volute, in deren Geflecht verschiedene Fabelwesen - hundsköpfige Drachen und Vogelmenschen - gefangen sind. Die Rankenfüllungen zwischen den Drachen sind mit Propheten (Jesaias, Jeremias, Ezechiel und Daniel), den vier Kardinaltugenden (Klugheit, Gerechtigkeit, Mäßigkeit und Stärke) und Personifizierungen der vier Paradiesflüsse (Euphrat, Tigris, Phison und Geon) geschmückt. Sie wurden 1896 als Ersatz für die verlorengegangenen Originale eingefügt. Ebenfalls aus dem 19. Jh. stammen die Emails des dritten Knaufes, die die vier Winde symbolisieren. Die Emails am Knauf darunter gehören zum romanischen Bestand und zeigen die vier Evangelisten. Diese führen nicht ihre üblichen Symboltiere bei sich, sondern jeweils eine Taube, die ihnen ins Ohr flüstert und sie inspiriert. Motiv und Darstellungsweise erinnern deutlich an die Evangelistenbilder mittelalterlicher Handschriften. Die Schreiber halten außer der Feder das Schabmesser in der Hand,

Löwen und Drachen am Fuß des Siebenarmigen Leuchters (links)

Vogelmensch im gerollten Schwanz eines Drachen (unten)

Zwei der Evangelisten-emails am zweiten Knauf des Siebenarmigen Leuchters (oben)

Blick auf den Siebenarmigen Leuchter und den Chorraum (rechts)

mit dem Schreibfehler auf dem Pergament korrigiert werden konnten. Die Emails zeigen rheinische Einflüsse; man nimmt an, daß sie in einer Kölner Werkstatt gefertigt wurden.
Der Stamm des Leuchters, der im Querschnitt einen Vierpaß mit Ecknasen bildet, verjüngt sich leicht nach oben hin. Er ist insgesamt durch sechs Knäufe gegliedert, in die außer den Emails Bergkristalle (19. oder 20. Jh.) eingesetzt sind. Ab dem dritten Knauf wachsen jeweils zwei Arme hervor, die mit weiteren Knäufen besetzt sind. Zuoberst tragen alle Arme einen Kerzenteller. Die aus dem Leuchterstamm und den Ästen hervorsprießenden Blätter stehen zitathaft für die Natur. Der Leuchter wird als lebender Baum charakterisiert, der Blätter treibt und wächst. Dadurch wird er vom Totenleuchter zum »*lignum vitae*«, Holz des Lebens. Er steht durch sein Wachsen für den Neubeginn, das Ewige Leben, das dem Herzogspaar nach der Auferstehung zuteil werden sollte.
Siebenarmige Leuchter tragen eine Reihe von symbolischen Bedeutungen in sich. In ihrer äußeren Gestalt folgen sie ganz bewußt dem Vorbild des Siebenarmigen Leuchters im Tempel des alttestamentlichen Königs Salomo, der im Judentum als Menorah bezeichnet wird. Einen weiteren Sinngehalt erfahren sie durch das Neue Testament. In der Offenbarung des Johannes, der Apokalypse (Apk 1, 12/13), erscheint am Anfang der Vision Christus zusammen mit sieben goldenen Leuchtern, den »*septem candela aurea*«. Die Siebenzahl der Lichter ist im Siebenarmigen Leuchter zusammengefaßt. Das Thema der Apokalypse wird als Leuchtervision bezeichnet und steht am Beginn des Jüngsten Gerichtes. Christus trägt dabei den Schlüssel zum Tod und zur Unterwelt, die als Zeichen der Auferstehung und der Hoffnung gedeutet werden.

Die Zahl Sieben ist generell für die christliche Symbolik von zentraler Bedeutung, man denke etwa an die Sieben Sakramente oder die Sieben Gaben des Heiligen Geistes. Als ein Hinweis auf den Heiligen Geist ist am Braunschweiger Leuchter die Taube zu sehen, die die Evangelisten begleitet. Sie ist das Symboltier des Heiligen Geistes und inspiriert die Schreiber zur Niederschrift der Evangelien.
Der Leuchter stand bis zur Neugestaltung des Doms unter Herzog Rudolf August vor dem Grab Heinrichs des Löwen. Bei der Errichtung des barocken Hochaltars durch Anton Detlev Jenner im Jahr 1728 wurde er demontiert, da er die Sicht auf den neuen Altar beeinträchtigte. 1785/91 ist eine Wiederaufstellung im Chor durch Herzog Anton Ulrich bezeugt. Bis 1815 war er erneut eingelagert. Eine zu dieser Zeit erfolgte Bestandsaufnahme ergab 67 Einzelteile; die tragende Eisenstange fehlte, ebenso die Füllungen zwischen den Leuchterfüßen. Im April 1830 erfolgte die Aufstellung unter dem östlichen Vierungsbogen. Zwischen 1895 und 1897 fand eine Restaurierung statt, bei der die verlorengegangenen Füllungen zwischen den Drachen, die Emails am dritten Knauf sowie einige Ornamentstreifen am unteren Knauf durch den Hildesheimer Bildhauer Prof. F. Küsthardt und den Kölner G. Hermeling hinzugefügt wurden. 1938 wurde der Leuchter auf den Stufen zum Chorjoch aufgestellt und 1942 zusammen mit dem Imervardkreuz in der Krypta untergebracht. 1943 erfolgte die Einlagerung im Rammelsberg bei Goslar, nach dem Krieg die Wiederaufstellung im Dom. Die jüngste Restaurierung fand von April bis November 1997 statt und diente vornehmlich der Reinigung und Stabilisierung. Der Leuchter wurde zu diesem Zweck in seine 74 Einzelteile zerlegt und von Verschmutzungen und Patina befreit.

Tropfschale des Siebenarmigen Leuchters vor und nach der Restaurierung 1997

Heinrich der Löwe - der neue Salomo?

Der Tempel König Salomos in Jerusalem, der im Alten Testament beschrieben wird, galt im Mittelalter als Vorbild der christlichen Kirche. Das alttestamentliche Heiligtum war eine Autorität, auf die die Kirche verwies und aus der sie ihre Legitimation ableitete. Auf seine Raumanordnung und Maße, die Ausstattung oder die verwendeten Materialien wurde im christlichen Kirchenbau oft Bezug genommen. Dies geschah aber nicht in Form einer getreuen Nachbildung oder Kopie des Tempels und seiner Ausstattung, sondern als symbolischer Hinweis, der einem Zitat gleichkam. Der Zusammenhang war im Mittelalter allgemein verständlich. Mittelalterliche Bauherren wurden von den Zeitgenossen mit dem alttestamentlichen König Salomo verglichen, auch Heinrich galt als *»novus Salomo«*, neuer Salomo, und sein Kirchenbau als Abbild des Jerusalemer Tempels. Dies verband ihn u.a. mit Kaiser Karl dem Großen, der mit der Aachener Pfalzkapelle seinen neuen Tempel errichtete.
Der erste Tempel in Jerusalem wurde um 950 v.Chr. unter König Salomo erbaut (3 Kg 5; 6; 7; 2Chr 3,1-17; 4). Seine Vorläufer waren die von Moses erbaute Stiftshütte (Ex 25, 31-40; 37, 17-24) und das von König David für die Bundeslade errichtete Bundeszelt (2 Sam 6, 17; 7, 22; 3 Kg 1, 39). Der Salomonische Tempel bestand aus drei Teilräumen. Im Allerheiligsten (Adyton) befand sich die Bundeslade, in der die Gesetzestafeln Mose aufbewahrt wurden. Nur der Hohepriester durfte sich in den Raum begeben und auf der Lade das Sühneopfer vollziehen. Vor einem Vorhang, der das Allerheiligste abschirmen sollte, standen der goldene Räucheraltar mit dem ewigen Feuer, ferner zehn Siebenarmige Leuchter und zehn Schaubrotetische.
Dieser Salomonische Tempel wurde 586 v.Chr. zerstört und unter König Herodes (20 v.Chr. - 9 n.Chr.) durch einen Neubau ersetzt, der nur einen Siebenarmigen Leuchter und einen Schaubrotetisch enthielt. Nach einer erneuten Zerstörung 70 n.Chr. durch den römischen Kaiser Titus überführte man die Tempelausstattung in einem Triumphzug nach Rom, wo sie auf einem Relief des Titusbogens verewigt wurde. Heute sind die Gegenstände verschollen. Nach dem Vorbild des Reliefs entstanden viele Nachbildungen, für das 11. bis 16. Jh. lassen sich ca. 50 Beispiele nachweisen. Im Dom zu Fulda soll neben dem Siebenarmigen Leuchter auch eine Bundeslade aufgestellt gewesen sein. Die älteste erhaltene Nachbildung des Siebenarmigen Leuchters aus der Zeit um 1000 befindet sich in der Damenstiftskirche in Essen, das berühmteste Beispiel ist der sog. Trivulzio-Leuchter im Mailänder Dom (13. Jh.).
Tatsächlich bestehen zwischen den von Heinrich dem Löwen gestifteten Kunstwerken und der Salomonischen Tempelausstattung gewisse Parallelen. In der Vierung stand der Marienaltar, den der Lettner vom Langhaus abgrenzte. Vor ihm erhoben sich Kreuzaltar und Siebenarmiger Leuchter im ersten Langhausjoch. Der Lettner kann als Tempelvorhang, als die Abgrenzung zum Allerheiligsten, verstanden werden. Der Siebenarmige Leuchter bezieht sich mit seiner Form deutlich auf das alttestamentliche Vorbild. Durch seinen Standort vor dem Herzogsgrab erhielt er zusätzlich die Funktion eines Totenleuchters. Der ursprünglich in der Vierung aufgestellte Marienaltar stünde demnach für die Bundeslade, den Ort des Sühneopfers.

Das Imervard-Kreuz

An der Ostwand des nördlichen Seitenschiffs hängt das monumentale Imervard-Kruzifix aus Eichenholz, das zu den beeindruckendsten Werken mittelalterlicher Bildhauerkunst gehört. Seinen Namen erhielt es von der Künstlersignatur auf den Enden des Gürtels (Cingulum): »*Imervard me fecit*« ist dort zu lesen, »Imervard hat mich geschaffen«. Das Kreuz gehört in die Gruppe der Volto-Santo-Kreuze, deren Urtyp sich im Dom zu Lucca in Oberitalien befindet. Volto Santo bedeutet soviel wie »Heiliges Antlitz« (lat.: *vultus sanctus*). Nikodemus, ein Augenzeuge der Kreuzigung Christi, soll den Korpus aus dem Gedächtnis - nach dem Vorbild des lebenden Christus - gefertigt haben. Im Kopf verbarg er Reliquien vom Heiligen Blut und der Dornenkrone Christi. Dadurch war nach mittelalterlichem Verständnis Christus selbst in dem Bildnis gegenwärtig, das so zu einem »wahren« Abbild des Erlösers wurde. Zugleich stellte es aber auch ein riesiges Reliquiar dar. Der darin enthaltene Wahrheitsanspruch des Urtyps erlaubte nur äußerst detailgetreue Nachbildungen, wodurch sich die große Ähnlichkeit der Volto-Santo-Kreuze erklärt.
Die Besonderheit dieser Kreuze ist der anstatt mit einem Lendentuch vollständig mit der sog. »tunica manicata«, einem beinahe knöchellangen Gewand mit langen Ärmeln, bekleidete Körper des Gekreuzigten. Um die Hüfte ist die Tunika mit einem »Cingulum« gegürtet. Christus ist lebend und mit offenen Augen dargestellt. Er ist nicht der leidende Christus, wie er später in der Gotik erscheint, sondern der Christkönig, der Überwinder und Besieger des Todes. Die Volto-Santo-Kreuze versinnbildlichen damit den Auferstandenen, den triumphierenden Christus (Christus triumphans) des Endgerichtes, der in der Offenbarung des Johannes beschrieben wird (Apk 1, 12/13). Der Habitus und die markanten Gesichtszüge unterstützen das Erscheinungsbild des Christkönigs. Die nach unten gezogenen Mundwinkel, die durch den ebenso geführten Oberlippenbart noch betont werden, tragen zusammen mit den nach oben gezogenen Augenbrauen zu einem hoheitsvollen Gesichtsausdruck bei. Unterstützt wird dies noch durch die streng gescheitelten und in zopfartigen Wülsten ausgeführten Haar- und Bartsträhnen. Durch den in der Kunst der Romanik üblichen Viernageltypus, bei dem der Korpus mit vier Nägeln an das Kreuz geschlagen ist, scheint Christus vor dem Kreuz zu schweben.
Die Tunika war ursprünglich purpurrot, das Untergewand grün gefaßt. Die Farbe Purpur war von alters her den Königen vorbehalten. Später wurde die Tunika blauschwarz überfaßt mit goldenen Sternen oder Punkten. Darauf weisen Nennungen im 14./15. Jh. hin, die es als »crux nigra« oder auch als »Swarte Cruece« bezeichnen. Seit dem Ausgang des Mittelalters ist die Tunika braun gefaßt. Die Füllung der gebohrten Pupillen sowie der Goldblechbeschlag des Gürtels gingen verloren.
Da zeitgenössische Quellen, die auf die Entstehungszeit des Imervard-Kreuzes hinweisen, fehlen, ist eine sichere Datierung nicht möglich. Die detailgetreue Nachbildung des Urtyps erschwert eine stilistische Einordnung. Die Vorschläge gehen zeitlich weit auseinander und reichen von 1173 bis um 1209; neuerdings nimmt man sogar eine frühere Entstehung des Kreuzes an, noch für die Stiftskirche der Brunonen. Es ist aber am wahrscheinlichsten, daß das Kreuz nach der Rückkehr Heinrichs des Löwen von seiner Pilgerreise ins Heilige Land 1173 entstand. Die Reliquien im Hinterkopf des Kruzi-

Das Imervard-Kruzifix an der Ostwand des nördlichen Seitenschiffs

Kopf des Imervard-Kruzifixus

fixus gehörten wohl zu dem Reliquienschatz, den er von dort mitgebracht hatte.

Das Imervard-Kreuz hing nicht immer im nördlichen Seitenschiff. Um die Mitte des 17. Jh. befand es sich in der Krypta. Zu dieser Zeit wurde der Darstellungstypus des Gekreuzigten mit der langärmeligen Tunika nicht mehr verstanden. Man brachte das Kreuz mit der Legende einer hl. Era in Verbindung, die sich wegen der Nachstellungen ihres Vaters in einen häßlichen bärtigen Mann verwandelte und schließlich gekreuzigt wurde. Hierzu bemerkt Philipp Julius Rehtmeyer in seiner Anfang des 18. Jh. erschienenen Braunschweiger Kirchenhistorie: *»In dieser Capelle steht ein Cruzifix in Manns Größe und weiblichem Habit, mit einem langen Bart, und langen spitzen Nägeln an Händen und Füßen... es sey das Bildniß der so gewandten Jungfrau Erae welche, als sie von ihrem leiblichen Vater zur Unzucht genötigt werden sollen, Gott gebeten, daß er sie möchte zu einem heßlichen Scheusal machen, daher sie dann eine solche abscheuliche Gestalt bekommen, und hernach ans Kreuz geschlagen worden...«*

Deshalb wurde das Imervard-Kreuz wohl in das Gewölbe des Südturmes verbannt, wo man es 1861 auffand. Danach hing es im nördlichen Querarm. Zusammen mit dem Siebenarmigen Leuchter wurde es 1942 in der Krypta eingelagert; seit 1956 befindet es sich an seinem heutigen Platz.

Die runde **Taufe** aus Kalkstein vor dem Imervard-Kreuz gehört wohl nicht zur ursprünglichen Ausstattung. Sie ist eine museale Dauerleihgabe und könnte bereits im 11. Jh. entstanden sein. An den vier Wülsten des oberen Abschlusses weisen geringe Spuren auf eine Inschrift hin. Die qualitätvollen schmiedeeisernen **Renaissance-Gitter** von 1570, die am Kryptaabgang, in der Welfengruft zu seiten des Stollenabganges sowie im südlichen Querhausarm am Zugang zur Sakristei zu finden sind, waren ursprünglich rund um den Taufstein aufgestellt. Die ganze Anlage stand um 1750 im Westjoch des Mittelschiffs.

Renaissance-Gitter am Zugang zur Sakristei, 1570

Taufe aus Kalkstein im nördlichen Seitenschiff

Grabmal Herzog Heinrichs des Löwen und Mathildes von England, um 1235/40

Das Grabmal Herzog Heinrichs des Löwen und Mathildes von England

Im zweiten östlichen Joch des Mittelschiffs erhebt sich das Grabmal Herzog Heinrichs des Löwen und seiner Gemahlin Mathilde von England aus der Zeit zwischen 1235 und 1240. Es ist neben den Wandmalereien das bedeutendste Zeugnis aus der Zeit nach Heinrich dem Löwen und ein Hauptwerk der sächsischen Bildhauerkunst des 13. Jh. Die beiden Liegefiguren des Herzogspaares aus Elmer Muschelkalkstein ruhen auf einer Tumba und blicken nach Osten. Dort sollten sie dem mittelalterlichen Weltbild entsprechend nach ihrer Auferstehung das Jüngste Gericht erblicken. Im Alter von 33 oder 34 Jahren würden sie vor den Weltenrichter treten, gleich Jesus, der in diesem Alter den Tod überwand. Die Verstorbenen sind daher nicht nach ihrem wirklichen Todesalter charakterisiert, sondern als Idealbild eines jungen Fürstenpaares.

Heinrich der Löwe liegt zur Rechten seiner Gemahlin. Er trägt über einem Unterkleid ein ärmelloses Gewand, die sog. Suckenie, über die ein Schnurmantel geworfen ist. Der Herzog führt als Zeichen seiner Herrschaft das mit dem Gurt umwickelte Schwert in seiner Linken. Das Modell des Braunschweiger Doms hält er mit der rechten Hand. Es ist sehr detailgetreu und zeigt die romanischen Gliederungselemente, ja sogar die Kantensäulen des Kirchenbaus sowie das kleeblattförmige Fenster des östlichen Langhausjochs. Der Chorraum des Kirchenmodells ruht auf einem zusammengerafften Mantelstück, der das Heiligtum vor der Berührung mit den bloßen Händen schützen soll. Zwei von diesem Gewandbausch ausgehende Faltenzüge setzen sich bis zu den Unterschenkeln fort, wo Mantel und Gewand in parallelen Röhrenfalten auslaufen. Heinrichs Füße sind bis zu den Knöcheln sichtbar, während bei Mathilde nur die Fußspitzen zu sehen sind. Bei der Herzogin dominiert das Gewand die Figur; es umhüllt sie in dekorativen Falten, die zwischen und neben den Beinen in reichem Gefältel aufliegen. Trotz der Umhüllung durch das Gewand ist die Körperlichkeit der Figuren auffallend betont, besonders die Beine zeichnen sich deutlich unter den Gewändern ab. Mathilde trägt unter ihrem Schnurmantel ein langärmeliges gegürtetes Gewand und um den Kopf das für verheiratete Frauen typische Gebende, eine Kopf, Ohren und Kinn umschließende Binde, die von einem Stirnreif gehalten wird. Die Perle stammt aus der Barockzeit. Auch Mathilde rafft ein Stück ihres Mantels zusammen und nimmt es zwischen ihre Hände, die zum Gebet gefaltet sind. Dies ist als Anspielung auf ihre hervorragende Tugend, die Frömmigkeit, zu verstehen. Die Skulpturen des Herzogspaares verkörpern nicht nur das Idealbild, sondern auch die idealen Eigenschaften eines Fürstenpaares dieser Zeit: Freigebigkeit gegenüber der Kirche (Kirchenmodell!), Frömmigkeit und Tugend.

Das Grabmal entstand erst einige Zeit nach dem Tod von Heinrich und Mathilde. Wahrscheinlich hatte Heinrich der Löwe zu seinen Lebzeiten nie die Errichtung eines Grabmals beabsichtigt. Seine Bestattung unter dem Fußboden der Kirche, an die eine schlichte Marmorplatte erin-

Faltenspiel des Gewandes und Blattkonsole zu Füßen der Herzogin Mathilde (rechts)

Blick aus dem Langhaus auf das Grabmal Heinrichs des Löwen, den Marienaltar und den Siebenarmigen Leuchter in der Vierung

nerte, war zu dieser Zeit durchaus üblich. Es ist aber auch nicht überliefert, wer die Errichtung des Grabmals veranlaßt hat. Während es früher in die Zeit von Heinrichs Sohn Pfalzgraf Heinrich (um 1173-1227) gesetzt wurde, nimmt man heute an, daß es erst nach dem Tod Pfalzgraf Heinrichs, zur Zeit Ottos des Kindes (1204-1252), entstand. Es wird in die Zeit zwischen 1235 und 1240 gesetzt, was auch stilistische Untersuchungen bestätigen. Der hervorragende Begräbnisort vor dem Kreuzaltar einer Klosterkirche war nur Stiftern oder ausgewiesenen Wohltätern einer klösterlichen Gemeinschaft vorbehalten, die so ein spezielles Andenken erhielten. Die Gebeine herausragender Persönlichkeiten zu beherbergen, wirkte auch auf die Kirchen und Klöster zurück. Gräber von Heiligen förderten das Entstehen lukrativer Wallfahrten, Gräber von Fürsten sicherten den Klerikern das Wohlwollen der Nachfolger. Darum hatten die Kanoniker von St. Blasii ein besonderes Interesse daran, die Grabstätte Heinrichs des Löwen zu pflegen. Es ist also auch denkbar, daß sie die Neugestaltung des Heinrich-Grabes mit veranlaßt haben. Zeugnis von der außerordentlichen künstlerischen Qualität der Skulpturen legen die blattwerkgeschmückten Konsolen unter den Füßen des Paares ab sowie zahlreiche andere Details, z.B. das scheinbar aus weichem Material bestehende Kissen unter den Häuptern. Die anzunehmende farbige Fassung der Figuren, von der sich keine Reste erhalten haben, hat die Differenzierung der unterschiedlichen Materialien wohl noch einmal hervorgehoben. Der unbekannte Künstler bezog in einer für seine Zeit einzigartigen Weise die »Schwerkraft« des Stoffes mit ein, d.h. das Gewand sinkt auf den Untergrund nieder. Während bei anderen Grabmälern eine Standfigur kurzerhand auf eine Tumba gelegt wurde, ohne daß das Gewand dieser Tatsache Rechnung trug, vollzieht der Schöpfer des Heinrichgrabes diese Gegebenheiten in sein Werk mit ein. Es wird vermutet, daß er im Umkreis der Bauhütte des Zisterzienserklosters Riddagshausen, die von 1216-1275 die dortige Kirche neu errichtete, nach Braunschweig kam. In der Figur- und Gewandbehandlung wurden Einflüsse französischer Steinmetzkunst (Chartres, Reims) erkannt. Aber auch bedeutende deutsche Bildhauerzentren (Bamberg, Magdeburg) haben ihre Spuren hinterlassen. Die Idee des fürstlichen Doppelgrabes, die hier erstmals im deutschsprachigen Raum verwirklicht wurde, hat ihre Vorbilder im englischen Raum.

Herzogin Mathilde von England, Detail des Grabmals

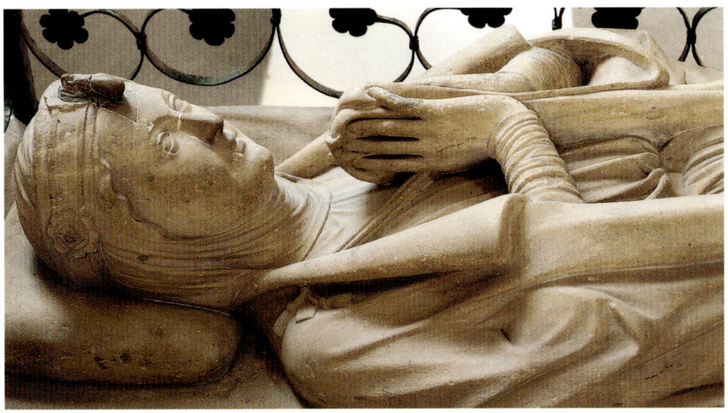

Die Grabstätte des Stifters zog seit jeher das Interesse auf sich. 1640, 1814, 1880 und 1935 wurde das Grab geöffnet. Bei der Öffnung 1935 zerstörte man die Tumba und legte die Figuren des Herzogspaares in vertauschter Anordnung auf eine niedrige Granitplatte. Darunter errichtete man die Gruft für die Sarkophage des Paares. Diese wurden zuletzt 1946 geöffnet, um die 1935 aus den Gräbern entfernten Gegenstände wieder zurückzulegen (s.S. 24-25). 1988 wurde die Tumba nach der ursprünglichen Anordnung rekonstruiert und das originale Gitter angebracht.

lasius mit den sieben rauen, die Frauen im)fen und deren Ent- auptung, Darstellung n der südlichen Chor- and (oben)

hannes der Täufer pre- igt und tauft; Darstel- ung an der nördlichen 'horwand nten)

Die mittelalterlichen Wandmalereien

Im Jahre 1845 wurden während einer Renovierung mittelalterliche Wandmalereien in Chor, Vierung und südlichem Querhaus entdeckt. Zum Vorschein kamen u.a. die Viten der drei Kirchenpatrone und ein ausführlicher Zyklus zur Heilig-Kreuz-Legende. 1876 fand man an den Langhauspfeilern noch weitere Darstellungen, u.a. Heiligenfiguren und eine Verkündigungsszene. Am nordwestlichen Pfeiler des Langhauses wurde eine Künstlerinschrift entdeckt, in der sich Johannes Gallicus als Schöpfer der Szenen bezeichnet. Die Freilegung erfolgte bis 1856 durch A. Neumann und Heinrich Brandes, der Pausen des Originalbestandes anfertigte. Nachdem man die Malereien restauriert und Fehlstellen ergänzt hatte, wurden sie in die historisierende Neugestaltung des Dominneren mit einbezogen. Während das Mittelschiff mit figürlicher Malerei versehen wurde, erhielten die Seitenschiffe eine rein ornamentale Ausgestaltung. Die Ausführung in den Jahren 1895/96 oblag Adolf Quensen. Das Nordquerhaus wurde nach einem Entwurf von Heinrich Brandes vollständig neu ausgemalt, da man hier nur wenige mittelalterliche Farbreste gefunden hatte. Auch die Hauptapsis und die südliche Nebenapsis wurden von Brandes neu gestaltet. Während der Zeit des Nationalsozialismus beseitigte man die Übermalungen des 19. Jh. wieder, die Restaurierung schadhafter Stellen erfolgte durch R. Curdt und O. Schulz. Nach dem Zweiten Weltkrieg sicherte der Restaurator Fritz Herzig 1952 die Gewölbemalereien in Vierung und Chor, zwei Jahre später restaurierte er die Malereien im südlichen Querhausarm. In dessen oberem Bereich hat sich die romanische Malerei am besten erhalten.

Die Malereien sind in Secco-Technik ausgeführt worden, bei der auf trockenem Putz gearbeitet wird. Im Unterschied zum Malen al fresco auf nassem Putz sind Malereien dieser Art weniger haltbar, da sie sich nicht so intensiv mit dem Maluntergrund verbinden. Auffallend ist die kantige Ausformung der Gewandfalten, die in der zeitgenössischen Malerei in Sachsen häufig zu finden ist. Vergleiche mit Werken der Buchmalerei ermöglichten eine zeitliche Einordnung in das 2. Viertel des 13. Jh. Trotz der mehrfachen Überarbeitungen zählen die Wandmalereien des Braunschweiger Doms mit ihrer Gesamtfläche von über 800 qm zu den bedeutendsten erhaltenen Zyklen des 13. Jh.

Die Malereien in Chor und Vierung

Die Verteilung der einzelnen Szenen unterliegt einer Hierarchie, die sich in einer Zuordnung bestimmter Themen zu bestimmten Gebäudeteilen widerspiegelt. Himmlischen Vorgängen bleibt der obere Bereich der Wände, zwischen und über den Fenstern sowie an den Gewölben vorbehalten. Die Viten der Kirchenpatrone und der Heilig-Kreuz-Zyklus im südlichen Querhausarm spielen sich im unteren Wandbereich ab, unterhalb der Fensterzone.

In der von Brandes neu gestalteten Apsis sind zwischen den Fenstern vier Propheten des Alten Bundes dargestellt: Jesaias, Jeremias, Hesekiel und Daniel (von links). Sie gelten als alttestamentliche Vorläufer der Apostel, deren Brustbilder in einem Architekturband über den Fenstern zu erkennen sind. Die Apsiswölbung ist, wie seit frühchristlicher Zeit üblich, mit dem Motiv der Maiestas Domini - Christus mit den Evangelistensymbolen und seitlichen Fürbittern - geschmückt. Man sieht in der Mitte den thronenden Christus in der Mandorla, umge-

Maiestas Domini in der Apsiskalotte, darunter Brustbilder der zwölf Apostel (oben)

Gastmahl des Herodes und Enthauptung Johannes des Täufers, Wandmalerei an der nördlichen Chorwand (unten)

arstellung der
ei Hauptfeste
Kirchenjahres
Weihnachten,
Ostern und
ngsten -, ein-
hmt von den
Mauern des
Himmlischen
Jerusalem,
Malerei im
ungsgewölbe,
Viertel 13. Jh.

ben von den Symbolen der vier Evangelisten. Seitlich stehen Maria und der Apostel Petrus (innen) sowie die Kirchenpatrone Johannes der Täufer und Blasius (jeweils außen), die Fürbitte bei Christus einlegen. Die Legenden der beiden Kirchenpatrone werden im unteren Bereich der **Chorwände** erzählt: nördlich in drei Streifen 16 Szenen aus der Vita Johannes des Täufers, südlich in den beiden oberen Streifen 12 Begebenheiten aus dem Leben des hl. Blasius von Sebaste. Unterhalb der Blasiuslegende wird in 7 Bildern von dem dritten Patron des Braunschweiger Doms, Bischof Thomas Becket, berichtet. Der Bischof von Canterbury war bereits 1173, drei Jahre nach seinem gewaltsamen Tod, heiliggesprochen worden. Als Lordkanzler König Heinrichs II., des Schwiegervaters Heinrichs des Löwen, und als Erzbischof von Canterbury wurde Thomas Becket in einen Konflikt zwischen weltliche und geistliche Interessen verwickelt. Nachdem er sich für die Kirche entschieden hatte, ermordeten ihn königliche Gefolgsleute 1170 vor dem Altar der Kathedrale von Canterbury. Heinrich II. mußte 1174 am Grab des Bischofs Buße leisten. Die Verehrung des Heiligen setzte rasch ein und verbreitete sich nicht nur in England, sondern auch auf dem Kontinent.

Zwischen den Fenstern und dem Chorgewölbe sind Szenen aus dem Alten Testament zu sehen, die typologische Hinweise auf den Opfertod Christi und das Letzte Abendmahl sind. Im Norden wird die Geschichte von Kain und Abel erzählt: das Opfer der beiden Brüder, Kain erschlägt Abel und Kain vor Gottvater. Im Süden befinden sich Szenen aus dem Leben Mose: Moses und der brennende Dornbusch, die Aufrichtung der Ehernen Schlange, die drei Engel bei Abraham und die Opferung Isaaks. Das Chorgewölbe zeigt in rankender Blattornamentik die »Wurzel Jesse«, den auf Jesse - den Vater Davids - fußenden Stammbaum Christi. An der Schildwand des östlichen Vierungsbogen ist der Sündenfall zu sehen, mit dem alles begann.

Am **Vierungsgewölbe** nimmt das Lamm Gottes die Mitte ein, gleichsam als »Schlußstein«. Um dieses fügen sich entgegen dem Uhrzeigersinn Szenen aus der Heilsgeschichte, die den drei zentralen Festen des Kirchenjahres - Weihnachten, Ostern und Pfingsten - zuzuordnen sind: beginnend mit der Geburt Christi (Abb. S. 101) und der Darbringung im Tempel auf der südlichen Gewölbekappe, über die drei Frauen am Grab in der östlichen Kappe sowie den Emmausgang und das Mahl in Emmaus in der nördlichen Kappe bis hin zu der die ganze westliche Kappe ausfüllenden Ausgießung des Heiligen Geistes. Eingefaßt werden die Szenen von den Mauern des Himmlischen Jerusalem, in dessen Toren Brustbilder der zwölf Apostel erscheinen. Die Gewölbezwickel füllen ganzfigurige Darstellungen von acht Propheten mit Spruchbändern. An den Schildflächen der Bögen sieht man im Osten eine Deesis, im Westen Christus und Johannes den Täufer mit Phönix und Pelikan, Sinnbilder für die Auferstehung und das Opfer Christi. Im Norden und im Süden schweben Engel, die eine Weltkugel halten. Die Unterseiten der Vierungsbögen zieren zwischen Blattranken Medaillons mit sieben Bischöfen (östlich), sieben Engeln (westlich), sechs Tugenden (nördlich) und sechs nicht identifizierten Heiligen (südlich).

Christus und Maria als Weltenrichter und apokalyptische Frau, links die 24 Ältesten, Malerei im Gewölbe des südlichen Querhausarmes, 2. Viertel 13. Jh.

Der Heilig-Kreuz-Zyklus im südlichen Querhaus

Die Malereien des Südquerhauses haben - vor allem im oberen Teil - am meisten von ihrer mittelalterlichen Substanz bewahrt. Im Gewölbe sind Themen aus der Apokalypse verbildlicht. Christus und Maria thronen in der östlichen Gewölbekappe als Weltenrichter und apokalyptische Frau: »*...Ein Weib mit der Sonne bekleidet, den Mond unter ihren Füßen, und auf ihrem Haupte eine Krone von zwölf Sternen*« heißt es in der Offenbarung des Johannes (Apk 12,1). Ihnen gegenüber sitzen die 24 Ältesten, die in der Apokalypse dem Jüngsten Gericht beiwohnen. Die nördliche und südliche Kappe füllen jeweils drei Engel und ein Cherub. In den Gewölbezwickeln sind wiederum acht Propheten in Ganzfigur dargestellt. Die Ostwand zeigt im Bereich der Fenster links Christus in der Vorhölle, rechts die Auferstehung und in der Mitte die Himmelfahrt Christi. In der Fensterzone der Westwand sind die Törichten Jungfrauen zu sehen, die auf die Ankunft des himmlischen Bräutigams nicht vorbereitet waren. Die Klugen Jungfrauen, die sein Kommen erwarteten, sind neben den Fenstern der südlichen Wand dargestellt.

In jeweils zwei Bildstreifen unterhalb der Fensterzone wird im Osten und Süden die Auffindung des Wahren Kreuzes Christi und die Kreuzerhöhung durch die Kaiserin Helena, die Mutter Kaiser Konstantins, erzählt. In der Kreuzauffindungslegende ist die Suche Helenas

Auffindung des Wahren Kreuzes Christi durch die Kaiserin Helena, die Mutter Kaiser Konstantins, Wandmalereien an der Ostwand des Südquerhauses, 2. Viertel 13. Jh.

Die Legende der Kreuzerhöhung: Raub des Kreuzes durch den Perserkönig Chosroes II. und Rückeroberung des »Heiligen Holzes« durch den römischen Kaiser Heraklius, Wandmalereien an der Südwand des Südquerhauses, 2. Viertel 13. Jh.

nach dem Wahren Kreuz Christi in Jerusalem beschrieben. Die Legende der Kreuzerhöhung berichtet vom Raub des Kreuzes durch den Perserkönig Chosroes II. um 600 und der Rückeroberung des »Heiligen Holzes« durch den römischen Kaiser Heraklius. Die beiden Legenden wurden im Mittelalter häufig dargestellt. Ihnen sind zwei kirchliche Feiertage gewidmet: das Fest der Kreuzauffindung am 3. Mai *(inventio crucis)* und das Fest der Kreuzerhöhung am 14. September *(exaltio crucis)*.

Der Zyklus beginnt links unter den Fenstern der Ostwand mit dem Befehl Kaiser Konstantins, das Kreuz Christi zu suchen, woraufhin seine Mutter Helena mit großem Gefolge aufbricht. Sie befragt die Juden in Jerusalem nach dem Verbleib des Kreuzes, den ein gewisser Judas Cyriakus kennt. Er gräbt in der nächsten Szene unter der Aufsicht Helenas nach dem Hl. Kreuz. Nach der Entdeckung von drei Kreuzen, unter denen sich auch die beiden Kreuze der mit Christus gestorbenen Schächer befinden, wird das Hl. Kreuz durch die sogenannte Kreuzesprobe identifiziert. Alle drei Kreuze werden einem Toten aufgelegt, der durch das Wahre Kreuz Christi wieder zum Leben erwacht. Die beiden Szenen links und rechts der südlichen Nebenapsis zeigen die Taufe des Judas Cyriakus und seine Ernennung zum Bischof von Jerusalem (links) sowie die Auffindung der drei Kreuznägel (rechts).

Die Szenenfolge der Südwand beginnt wiederum links unterhalb der beiden Fenster. Helena läßt im ersten Bild das Kreuz teilen, dessen eine Hälfte in der nächsten Szene in der

Grabeskirche in Jerusalem aufgestellt wird. Die Rückkehr der Kaiserin mit der zweiten Kreuzhälfte nach Konstantinopel ist das Thema des dritten Bildes. Konstantin präsentiert sich im nächsten Bild als erster christlicher Herrscher und Förderer des Christentums. Den Raub des Wahren Kreuzes durch den Perserkönig Chosroes II. zeigt die letzte Szene dieser Reihe. Im ersten Bild der unteren Reihe thront Chosroes in seinem künstlich errichteten Kosmos, den Pferde am unteren Bildrand antreiben, und gibt sich als Herrscher über die Welt. Die Darstellung ähnelt aufgrund mehrerer Motive - Zepter, Krone und Mandorla - einer Maiestas Domini. Links neben dem Perserkönig ist die eine Hälfte des Hl. Kreuzes zu sehen. Seiner Rückeroberung gilt die nächste Szene, in der der älteste Sohn des Perserkönigs im Zweikampf dem römischen Kaiser Heraklius unterliegt. Der Kaiser enthauptet nach seinem Sieg den Perserkönig Chosroes, dessen jüngster Sohn sich im nächsten Bild bekehrt und taufen läßt. Die letzten beiden Szenen widmen sich der Rückführung des Hl. Kreuzes nach Jerusalem. Kaiser Heraklius reitet auf die Stadt zu, deren Tore sich bei seinem Herannahen verschließen. Ein Engel fordert ihn zur Demut auf, woraufhin der Kaiser zu Fuß, das Wahre Kreuz in den verhüllten Händen haltend, seinen Weg auf die sich nun öffnenden Tore Jerusalems fortsetzt. Zu erwähnen sind noch die im 19. Jh. stark überarbeiteten Apostelfiguren in der untersten Reihe, deren Heiligenscheine wie die Kapitelle und Basen der Säulen zwischen ihnen plastisch aus dem Putz hervortreten. Sie halten Spruchbänder mit den Artikeln des Glaubensbekenntnisses. Der Überlieferung nach wird jedem Apostel ein Satz dieses Bekenntnisses zugeschrieben. Martyriendarstellungen teilweise nicht identifizierter Heiliger nehmen die beiden oberen Bildstreifen der Westwand ein.

Aposteldarstellungen im Südquerhaus, Heiligenscheine sowie Kapitelle und Basen der Säulen stuckiert

Die Künstlersignatur am nordwestlichen Langhauspfeiler

Künstlersignatur am nordwestlichen Langhauspfeiler

Die Signatur des Johannes Gallicus setzt sich aus zwei Teilen zusammen. Der horizontale Teil bildet die eigentliche Signatur: NORINT HOC OMNES QUOD GALLICUS ISTA IOHANNES PINXIT. EUM CUPIMUS DEUS UT DET VIVERE SALVUM = *Es sollen alle wissen, daß dies Johannes Gallicus gemalt hat. Wir wünschen, Gott möge geben, daß er selig lebe.*
Der vertikal angebrachte Text lautet: QVE SCIO FORMARE SI SCIREM VIVIFICARE CORPORA DEBERENT MERITO CVM DIIS HABITARE = *Wenn ich das, was ich zu formen weiß, auch zu beleben wüßte, dann müßten die Körper mit Recht bei den Göttern wohnen* (zitiert nach Boockmann, Inschriften der Stadt Braunschweig). Die Künstlersignatur ist für mittelalterliche Verhältnisse sehr ausführlich und zeugt vom Stolz des Johannes Gallicus auf sein Werk. Eine zweite Signatur im Pfingstbild des Vierungsgewölbes wurde zwischen 1937 und 1941 entdeckt. Der Name Gallicus ist dort ins Deutsche übertragen und lautet: Joh. Wale. Die Tatsache, daß der Name des Künstlers übersetzt wurde, läßt darauf schließen, daß die Inschrift erst später, vielleicht sogar erst während des Nationalsozialismus, angebracht wurde. Der Name des Künstlers deutet auf seine Herkunft aus dem Westen, aus Frankreich, hin. An den übrigen Langhauspfeilern sind verschiedene Heiligen- und Bischofsfiguren (u.a. Maria Magdalena, Ludger, Bartholomäus, Abb. S. 99) zu sehen, eine Verkündigung und Christus in der Vorhölle (Anastasis).

Die Kunstwerke aus der Zeit der Gotik

Bischof, Fürst und Kirchenpatrone

An den beiden östlichen Vierungspfeilern sind seit 1854 zwei Skulpturen aufgestellt, nördlich eine Figur mit den Insignien eines Bischofs, südlich eine fürstlich gekleidete Figur. Da zeitgenössische Hinweise auf deren Bedeutung oder Funktion fehlen, kann man ihre Bestimmung nur vermuten. Die **Bischofsfigur** wird in die Jahre um 1370 datiert und aufgrund dieser zeitlichen Einordnung als Darstellung Bischof Heinrichs III. von Hildesheim (†1367) gedeutet, der dem welfischen Geschlecht angehörte. Es ist nicht bekannt, wo die Skulptur ursprünglich aufgestellt war, wir erfahren erst im 18. Jh., daß sie sich zu dieser Zeit in der Krypta befand. Arme und Krummstab der Statue sind erneuert, ebenso die Schwertklinge der **Fürstenfigur**. Diese war im 17. Jh. an einem Langhauspfeiler neben dem Grabmal Heinrichs des Löwen aufgestellt; seit 1845 steht sie zu seiten des Chorbogens. Man datiert die Figur auf die Zeit um 1270/80. Seit dem 14. Jh. wird sie als Bildnis Herzog Albrechts I. (1236-1279) bezeichnet. Die Figur wurde aber auch mit anderen welfischen Herzögen in Verbindung gebracht, u.a. mit Heinrich dem Löwen selbst oder dessen Sohn Pfalzgraf Heinrich. Es könnte aber auch Kaiser Otto IV., der einzige Kaiser aus dem Welfengeschlecht, dargestellt sein.

Die zwei farbig gefaßten Holzskulpturen im Chorraum stellen die beiden **Kirchenpatrone Johannes den Täufer** (nördlich) und **Bischof Blasius** von Sebaste (südlich) dar (Abb. S. 16 und 17). Während die Figur des hl. Blasius Übereinstimmungen mit Skulpturen des späten 15. Jh. aufweist, dürfte der hl. Johannes wohl

Bischofsfigur, um 1370, wohl Darstellung Bischof Heinrichs III. von Hildesheim (†1367)

Fürstenfigur, um 1270/80, wohl Darstellung Herzog Albrechts I. (1236-1279) oder Kaiser Ottos IV. (1175/76-1208)

um oder kurz nach 1500 entstanden sein. Die beiden Figuren werden heute nicht mehr mit dem spätgotischen Hochaltar der Stiftskirche in Verbindung gebracht, dessen Reste sich im Braunschweigischen Landesmuseum befinden. Blasius trägt als Attribute Horn und Bischofsstab, beides spätere Ergänzungen. Das Horn kann nicht aus der Legende des Heiligen erklärt werden. Es wird als Hinweis auf seinen Namen gedeutet. Blasius ist der Patron des Welfenhauses, aber auch der Wollweber. Seine Hilfe wird besonders bei Halsleiden gesucht.
Johannes der Täufer trägt ein Fell, entsprechend den Berichten des Neuen Testaments. Danach kleidete er sich während seiner Predigten in der Wüste in rauhes Kamelhaar und ernährte sich von Heuschrecken und Waldhonig. Durch sein Leben als Büßer, das auch in Kleidung und Nahrung zum Ausdruck kommen sollte, hat er verwirklicht, was er predigte. Aus der Bekleidung, wie sie in der Bibel geschildert wurde, ist im Laufe der Zeit ein Widder- oder Schaffell geworden. Der Kopf des Tieres ist zwischen den Füßen des Predigers zu erkennen. In seiner Linken trägt Johannes ein Buch mit dem Lamm als Hinweis auf Jesus, dem er den Weg bereitete.

Der Christus im Elend und die Passionssäule

In der südlichen Nebenapsis befinden sich der Christus im Elend und die Passionssäule. Das auch als Christus in der Rast bezeichnete Andachtsbild zeigt den Menschensohn im Moment der tiefsten Ermattung nach der Geißelung und Dornenkrönung. Der nur mit einem Lendentuch bekleidete Christus sitzt auf einem Stein und berührt mit den Fingerspitzen seiner Hand die rechte Wange - ein Zeichen der Erschöpfung, aber auch eine archaische Geste

der Trauer. Die Linke ruht im Schoß und hält noch das Rutenbündel sowie das Zepter der vorausgegangenen Peinigungen. Die Dornenkrone schraubt sich in Form von dicken Ästen um das Haupt; auf der Brust befindet sich eine kleine, mit grünem Glas verschlossene Öffnung, die zur Aussetzung der Hl. Hostie diente. Die Christusfigur war wie die Säule für Passionsspiele während der Osterliturgie bestimmt. Deshalb wurden beide Kunstwerke vollrund und transportabel ausgearbeitet. Die künstlerische Qualität der sitzenden Christusfigur erschließt sich ganz, wenn man sie auch von der Seite oder von hinten betrachtet.

Die Passionssäule zeigt verschiedene Symbole für das Leiden Christi, die »Arma Christi«, die Leidenswerkzeuge. Über einer achtseitigen Basis ist der Strick zu erkennen, mit dem Christus während der Geißelung gefesselt war. Die Lampe und ein Ohr mit Schwert sind Hinweise auf die Gefangennahme Christi im Garten Gethsemane. Der Apostel Petrus schlug dem Häscher Malchus während eines Handgemenges ein Ohr ab, das Christus ihm wieder ansetzte. Darüber weist Veronika das Schweißtuch vor, das sie Christus bei der Kreuztragung reichte. Auf dem Tuch blieb ein Abdruck des Gesichtes zurück, das Wahre Antlitz, das *»Vera Icon«*. Der Name Veronika ist eine Anspielung auf diesen lateinischen Begriff. Die drei Köpfe über ihr zeigen möglicherweise andere Begleiter Christi auf seinem Leidensweg, vielleicht den Hohenpriester Kaiphas oder Simon von Cyrene. Ganz oben auf der Säule sitzt der sehr realistisch dargestellte Petrus-Hahn. Noch vor seinem dritten Krähen hatte der Apostel seinen Herrn dreimal verleugnet, wie dieser es ihm vorausgesagt hatte. Stilistisch wurden der Christus im Elend und die Passionssäule sehr unterschiedlich bewertet; die Christusfigur wurde sogar in das 14. Jh.

Schweißtuch der Veronika mit dem Wahren Abbild Christi, Detail der Passionssäule

Christus im Elend und Passionssäule, um 1460

gesetzt. Aufschluß über ihre Entstehungszeit brachte eine dendrochronologische Untersuchung des Eichenholzes. Dabei wird das Fälldatum des verwendeten Baumes aufgrund der ausgezählten Jahresringe bis auf eine Differenz von ± 10 Jahren errechnet. Demzufolge wurden die Christusfigur und die Passionssäule um 1460 geschnitzt. Vereinzelt wurde die Christusfigur dem Frühwerk des Freiberger Bildschnitzers Hans Witten zugeschrieben, der die Kanzel der Braunschweiger Kirche St. Aegidien schuf.

Die Stifterfiguren im südlichen Seitenschiff

Im südlichen Seitenschiff, zwischen dem dritten und vierten Joch von Westen, stehen an ihrem ursprünglichen Aufstellungsort unter gotischen Baldachinen die beiden Stifterfiguren Herzog Ottos des Milden (†1344) und seiner Gattin Agnes von Brandenburg (†1334). Otto veranlaßte die Erweiterung des südlichen Seitenschiffs und bestimmte die vier westlichen Joche als Grabkapelle für sich und seine Gemahlin. Er weihte sie dem hl. Laurentius.
Die beiden Holzfiguren stehen auf skulptierten Konsolen. Otto führt sein Wappentier, den welfischen Löwen, bei sich. Der rechte Unterarm des Herzogs mit Schwert und Schild fehlt, ebenso der Unterarm seiner Gattin. Beide sind in der Mode der Zeit gekleidet; Agnes rafft ihr Gewand, eine zu dieser Zeit beliebte Geste, die die Fülle des kostbaren Stoffes betonen sollte. Auf dem Kopf trägt sie den Kruseler, eine Art gerüschter Schleier, der Mitte des 14. Jh. in Mode kam. In mehreren Kleiderordnungen versuchte man vergeblich, dieser modischen Extravaganz, die besonders in bürgerlichen Kreisen gepflegt wurde, Einhalt zu gebieten.
Eine Restaurierung in den Jahren 1994/95 brachte die originale Farbigkeit der Figuren zum Vorschein.

Christus im Elend, Detail der Christusfigur

Herzog Otto der Milde (†1344) und seine Gattin Agnes von Brandenburg (†1334), Stifterfiguren im südlichen Seitenschiff

Die Grabdenkmäler im südlichen Seitenschiff

Von der einst reichen Ausstattung des Braunschweiger Doms mit Grabmalen und Epitaphien geben uns die erhaltenen Beispiele nur einen kleinen Eindruck. Dennoch sind die verschiedenen Entwicklungsstufen der Grabmalskunst an ihnen nachzuvollziehen: von den einfachen, nur mit einer Inschrift versehenen Platten des 14. und 15. Jh. über die streng architektonisch aufgebauten Epitaphien der Renaissance bis hin zu den repräsentativen, mit ornamentalem und figürlichem Zierat reich geschmückten Denkmälern des Barock und Rokoko.

Zwei Kunstwerke aus verschiedenen Epochen hängen an der Westwand des südlichen Seitenschiffs. Das barocke Epitaph des Ehepaares von Völcker sowie die Renaissancetafel für die 1604 verstorbene **Elisabeth von der Schulenburg**. Elisabeth, die sich als Witwe der Kranken- und Armenpflege verschrieben hatte, ist auf dem Gemälde in der Mitte zusammen mit ihrem früh verstorbenen Gatten unter dem Kruzifix kniend dargestellt. Entsprechend der Lebensweise der Verstorbenen, deren Namenspatronin und Vorbild die hl. Elisabeth von Thüringen war, umrahmen das Kreuzigungsbild die sechs Werke der Barmherzigkeit. Zuoberst krönt eine Darstellung der Auferstehung Christi das Epitaph. Die für den Anfang des 17. Jh. typische Beschlag- und Rollwerkornamentik ziert den hölzernen Aufbau. Gefertigt wurde das Epitaph in der Werkstatt des Braunschweiger Bildhauers Jürgen Röttger (1550-1623). Die Gemälde schuf der aus Antwerpen stammende Maler Floris von der Mürtel (†1609), der oft mit Röttger zusammengearbeitet hat.

Das Epitaph des Generalmajors **Caspar von Völcker** (†1730) und seiner **Gemahlin Anna Catherina, geb. Giseler** (†1772), links daneben, ist aus verschiedenen Marmorarten zusammengesetzt und wird - ebenso wie die Epitaphien v. Wendhausen und v. Pape - dem Bildhauer Anton Detlev Jenner zugeschrieben. Die Bildnisse des Ehepaares Völcker schuf wahrscheinlich Bernhard Francken, der Hofmaler Herzog August Wilhelms (Abb. S. 84).

Ebenfalls von Francken stammt das Porträt des Geheimen Staatsrates und Stiftsdekans **Julius Basilius von Pape** (1656-1727). Sein Epitaph hängt links neben dem Westeingang (Abb. S. 23). Das wiederum von Anton Detlev Jenner aus verschiedenfarbigen Marmorarten komponierte Grabmal zeigt neben Putten, die Symbole der Vergänglichkeit vorweisen, die Personifikationen der beiden christlichen Tugenden Glauben (mit Buch rechts) und Hoffnung (mit Anker links).

Hölzernes Wappen-Epitaph des Stadtkommandanten Johann Georg von Stauff (†1673)

Renaissance-Epitaph für Elisabeth von der Schulenburg (†1604)

Barock-Epitaph des Generalmajors Caspar von Völcker (†1730) und seiner Gemahlin Anna Catherina, geb. Giseler (†1772)

Etwas weiter links ist das hölzerne Wappen-Epitaph des Stadtkommandanten **Johann Georg von Stauff** (†1673) zu sehen (Abb. S. 82). Der farbig gefaßte, vor Waffen strotzende Schild weist unmißverständlich auf den Beruf des Verstorbenen hin. Sein mit ausladender Helmzier versehenes Wappen wird seitlich von zwei Gerüsteten getragen, die auf Kanonen stehen.
An der Wand darunter ist - eher unauffällig - der mit gotischer Majuskel-Umschrift versehene Grabstein des Stiftskanonikers und Kustos **Ludolf von Holling** (†1349) aufgestellt. Es handelt sich dabei um den ältesten erhaltenen Grabstein in der Stiftskirche St. Blasii.
Beeindruckend durch ihre Größe ist die barocke Tumba **Herzog Ludwig Rudolfs** (†1735) (Abb. S. 22) und seiner **Gemahlin Christina Ludovica von Oettingen** (†1747). Ludwig und Christina waren die Großeltern der Kaiserin Maria Theresia. Die Zinkfiguren auf der Deckplatte wurden von dem Braunschweiger Bildhauer Matthäus Heinrich Vetten geschaffen, der wahrscheinlich ein Schüler von Anton Detlev Jenner war. Ein besonders ergreifendes Detail sind die hemmungslos den Tod des Ehepaares beweinenden Putti zu Füßen der Verstorbenen (Abb. S. 98). Das Grabmal befand sich ursprünglich im dritten Joch des Mittelschiffs, über der früher zugänglichen Grablege des Herzogspaares.
Links unterhalb der Stifterfiguren Herzog Ottos und seiner Frau Agnes, im vierten Joch von Westen, sind zwei Grabplatten zu sehen: unter dem Fenster die für Catherina Elisabeth von Damm (†1695), links daneben der Stein für Elisabeth Dorothea Hantelmann (†1763).
Das ungefaßte Holzepitaph weiter westlich erinnert an den Stadtkommandanten **Tobias Schmiedeberg** (†1690). Es macht wiederum durch seinen martialischen Schmuck auf sich aufmerksam. Der letzte Grabstein an dieser Wand steht für drei 1687 und 1691 verstorbene Kinder der Familie Lautensack.
Die östliche Abschlußwand des Südseitenschiffs dominiert das Epitaph für den 1718 verstorbenen herzoglichen Kanzler und Minister **Philipp Ludwig Probst von Wendhausen**, das ebenfalls Anton Detlev Jenner zugeschrieben wird. Der erfolgreiche Jurist und verdiente Beamte erhielt ein eigenes Grabgewölbe unter dem Südquerhaus, das von der Welfengruft aus

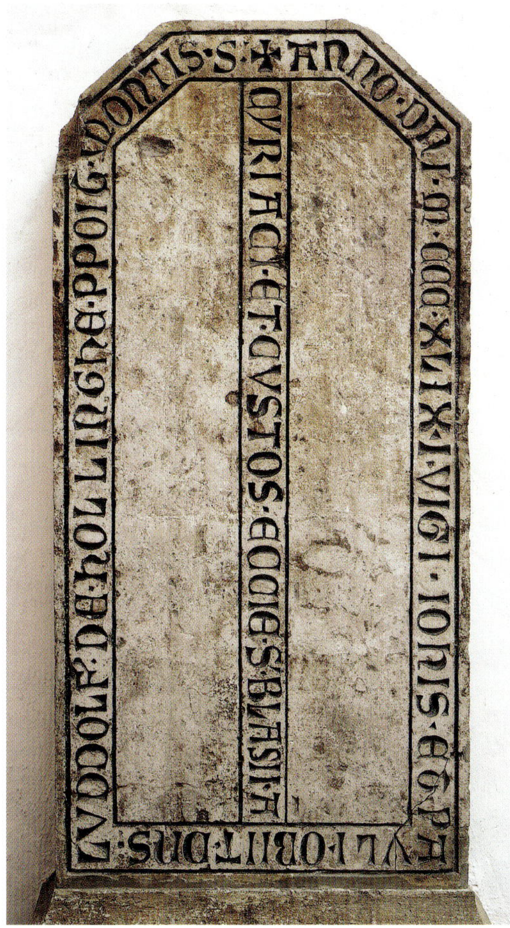

Grabstein des Stiftskanonikers und Kustos Ludolf von Holling (†1349), ältester erhaltener Grabstein des Braunschweiger Doms

zugänglich ist. Die Pforte neben der Apsis, die einst in den Kreuzgang des Stiftes führte, wurde von innen mit dem Grabstein der Anna Eleonora Hallen (†1749) und ihrer Mutter Sophia Catharina Finen verschlossen.

Die Grabdenkmäler im Nordseitenschiff und die Welfentumba

An der Westwand des nördlichen Seitenschiffs fällt das monumentale Epitaph des Dekans **Valerius Möller** (†1634) und seiner Gemahlin Margarethe, geb. Schrader, auf. Die ohrenförmigen, knorpeligen Verdickungen des Zierats kennzeichnen den nach diesen Ornamentformen benannten Ohrmuschel- oder Knorpelwerkstil. Im oberen Teil ist die Überwindung des Alten Bundes durch das Neue Testament dargestellt. Christus tritt zu Adam und Eva in das Paradies und bringt den Apfel des Sündenfalls zurück. Die Reliefs im unteren Teil zeigen Szenen aus der Passion Christi, die um eine Auferstehungsszene mit vollplastischer Christusfigur gruppiert sind.

An der Nordwand des nördlichen Querhauses hängt das Renaissance-Epitaph des **Wilhelm von der Ow**, der von 1602 bis zu seinem Tode 1615 Stiftskanoniker von St. Blasii war. Es ist ein weiteres Werk des Braunschweiger Bildhauers Jürgen Röttger und zeigt im mittleren Bild den Kanoniker unter dem Kruzifix kniend, vor einer von Gewitterwolken überschatteten Stadtsilhouette. Das Gemälde darunter hat die Geburt Christi zum Thema. Seitlich sind verschiedene Tugenden personifiziert, den Aufbau flankieren die Stammeltern Adam und Eva. Im Aufsatz ist die Verklärung Christi zu sehen, umgeben von mehreren Erzengeln, die mit Namen bezeichnet sind.

Renaissance-Epitaph des Wilhelm von der Ow (†1615) im nördlichen Querhaus (linke Seite)

Epitaph des Dekans Valerius Möller (†1634) und seiner Gemahlin Margarethe, geb. Schrader, Westwand des nördlichen Seitenschiffs

Blick in die Welfengruft

Im nördlichen Querhaus erinnern drei Monumente an Mitglieder des Welfenhauses, die im Braunschweiger Dom ihre letzte Ruhestätte fanden. In der Apsis steht die monumentale **Welfentumba** aus Kalkstein. Herzog Anton Ulrich hatte die im Langhaus bestatteten Gebeine seiner Vorfahren exhumieren und 1707 gemeinsam beisetzen lassen. Den Sarg stellte er in die Kalksteintumba, die er mit einer bronzenen Inschriftplatte bedeckte. Unter den genannten 13 Fürsten befinden sich Otto IV., der einzige Kaiser aus dem Geschlecht der Welfen, sowie Pfalzgraf Heinrich, beide Söhne Heinrichs des Löwen.

Über der Tumba erinnert eine dreiteilige **Messingtafel** an die um 1700 im nördlichen Querhausarm eingerichtete Gruft für Herzog Rudolf August (1627-1704) und seine Gemahlinnen Christiane Elisabeth (1634-1681) und Rosina Elisabeth Menthe (1663-1701). Die Grabstätte wurde 1934 beseitigt. Links über dem Zugang zur Welfengruft hängt seit 1969 die Stirnplatte des Sarkophags für Herzog Ferdinand Albrecht II. (1680-1735). Die Inschrift erinnert auch an seine Gemahlin Antoinette-Amalie (1696-1762), die jüngste Tochter Herzog Ludwig Rudolfs. Die Särge der beiden befinden sich in der Welfengruft.

Tumba Herzog Albrec
(1725-174
(rechte Sei

Die Welfengruft

In der Krypta unter dem Chor und der Vierung ruhen Mitglieder des Welfenhauses aus der Linie Braunschweig-Bevern. Bis zum Beginn des 16. Jh. war der Dom St. Blasii die bevorzugte Begräbnisstätte der welfischen Herzöge gewesen. Die Bestattungen wurden in der Regel unter dem Fußboden im Kirchenschiff vorgenommen und durch Inschriftplatten gekennzeichnet, wie dies auch ursprünglich beim Grab Heinrichs des Löwen der Fall war. Im 16. Jh. errichteten die welfischen Herzöge die Marienkirche in Wolfenbüttel als ihre Grablege. Erst nach der Unterwerfung Braunschweigs durch die welfischen Herzöge 1671 verlegte Ferdinand Albrecht I. (1636-1687) die Begräbnisstätte wieder in den Braunschweiger Dom. Die Hallenkrypta unter Chor und Vierung war fortan bis zum Ende des 19. Jh. die Gruft der Bevernschen Linie des Welfenhauses.

In der Krypta fanden insgesamt 21 Särge Aufstellung; weitere stehen in einem Gewölbe unter der Sakristei, das für die Öffentlichkeit nicht zugänglich ist. Im Süden der Krypta schließt sich die Gruft für den Kanzler Philipp Ludwig von Wendhausen an, dessen Epitaph im südlichen Seitenschiff des Doms zu sehen ist. Die meisten der Särge sind in der üblichen Dachtruhenform gestaltet und bestehen aus Zinn. Einige wurden aus Holz gefertigt und mit Samt verkleidet. Der sparsame Dekor besteht hauptsächlich aus Inschriftplatten, Kruzifixen und Wappen sowie einigen Zierelementen.

Ein Grabmal fällt wegen seiner Größe und Pracht aus dem Rahmen. Es handelt sich um die Tumba **Herzog Albrechts** (1725-1745), die sich unter dem einzigen mit Malerei ver-

Die welfischen Herzöge und die Stadt Braunschweig

Nach der Gründung des Herzogtums Braunschweig-Lüneburg am 21. August 1235 durch den Enkel Heinrichs des Löwen, Herzog Otto das Kind, residierten die welfischen Herzöge zunächst in Braunschweig. Ab dem Ende des 13. Jh. wählten sie jedoch vermehrt Wolfenbüttel als Residenz, nicht zuletzt wegen der ständigen Auseinandersetzungen mit der Stadt Braunschweig. Der Drang nach Unabhängigkeit von den welfischen Stadtherren hatte sich in Braunschweig schon bald bemerkbar gemacht. Dem kamen die ständigen Geldnöte der Herzöge, die aus den zahlreichen Erbteilungen des Hauses resultierten, entgegen. So konnte Braunschweig nach und nach wichtige Rechte von den Welfen erwerben. Dadurch erreichte die Stadt bald ein hohes Maß an Autonomie und bezeichnete sich bereits im Jahre 1345 als »Freie Stadt«. Um 1400 war die Bevölkerung von Braunschweig auf 17.000 Einwohner angewachsen; sie war damit nach Lübeck die größte Stadt Norddeutschlands.
Die zunehmende Unabhängigkeit der selbstbewußten und wirtschaftlich einflußreichen Bürgerstadt mußte den Welfen langfristig ein Dorn im Auge sein. Im Spätmittelalter kam es daher vermehrt zu Auseinandersetzungen, ständige Kämpfe gipfelten in der »Großen Stadtfehde« 1492/93. Die großen finanziellen Belastungen der Stadt nach dem 30jährigen Krieg führten schließlich dazu, daß sich Braunschweig 1671 endgültig der welfischen Herrschaft unterwerfen mußte. Die Fürsten verlegten ihre Residenz aus Wolfenbüttel wieder nach Braunschweig und bestimmten die Geschicke der Stadt. Im Laufe der nächsten Jahrzehnte wurde Braunschweig von der selbstbewußten Bürgerstadt zur Residenzstadt. Die Umwandlung zur fürstlichen Residenzstadt drückte sich im Bau des Schlosses ab 1718 und der Förderung von Manufakturen aus. Die Gründung des Collegium Carolinum 1745, der späteren Technischen Hochschule und ersten ihrer Art in Europa, sowie des Herzog Anton Ulrich-Museums 1754 bereicherten das kulturelle und geistige Leben. Auch äußerlich änderte sich das Bild der Stadt, als in den Jahren 1802-1803 die Stadtmauern geschleift und großzügige Wallpromenaden angelegt wurden.

zierten Gewölbejoch erhebt. Die Fresken nehmen auf den ehemals hier aufgestellten Cyriakusaltar Bezug. Albrecht war der Sohn Ferdinand Albrechts II. (1680-1735) und Antoinette Amalies (1696-1762), einer Tochter Herzog Ludwig Rudolfs. Ihrer beider Särge stehen gegenüber dem Zugang der Krypta. Zehn Jahre nachdem ihr Mann verstorben war, mußte Antoinette Amalie um ihren Sohn Albrecht trauern, der mit erst 20 Jahren während des Zweiten Schlesischen Krieges als preußischer Generalmajor in der Schlacht bei Soor in Böhmen fiel. Der prunkvolle Sarkophag besteht aus grauem Marmor aus Rübeland im Harz. Die aufgelegten Ornamente im Rokokostil und die Löwenfelle, die über den Deckel herabhängen, sind aus Alabaster gefertigt. Der künstlerische Entwurf stammt von dem Bild-

Sarkophag Philippine Charlottes, Schwester Friedrichs des Großen und Gemahlin Herzog Karls I.

hauer Johann Heinrich Peter. Errichten ließ die Tumba der Bruder des Verstorbenen, Karl I. Die Ruhestätte **Herzog Karls I.** (1730-1780) gehört zu den schlichtesten in der Gruft (Südseite, dritter Sarg von Westen). Seine neben ihm ruhende **Gemahlin Philippine Charlotte** (1716-1801) war eine Schwester König Friedrichs des Großen, des Alten Fritz, der wiederum eine Schwester Karls I. geehelicht hatte. Karl war ein Fürst der Aufklärung. Während seiner fast 40 Jahre dauernden Regierungszeit konnte sich in Braunschweig ein vielfältiges, geistig-kulturelles Leben entwickeln. Mit dem 1745 gegründeten Collegium Carolinum rief der Herzog die erste Technische Hochschule Europas ins Leben. Unter seiner Ägide wurde das Schauspiel »Emilia Galotti« von Gotthold Ephraim Lessing 1772 in Braunschweig uraufgeführt. Dem jüngsten Sohn des Fürsten, der zur Rechten seiner Eltern ruht, war ein tragisches Schicksal beschieden. **Maximilian Julius Leopold** (1752-1785) kam in Frankfurt/Oder während einer Hochwasserkatastrophe ums Leben, bei dem Versuch, Ertrinkende aus den reißenden Fluten zu retten. Ganz im Sinne der Aufklärung von seinen Eltern erzogen, setzte er ohne Standesdünkel sein Leben für seine Mitmenschen ein.

Zwei gekreuzte Fahnen aus schwarzem Samt mit Silberbrokatstickerei bezeichnen den Sarg **Herzog Friedrich Wilhelms** (1771-1815) im Scheitel der Apsis. Der sog. **»Schwarze Herzog«** ist eines der berühmtesten und populärsten Mitglieder des Welfenhauses. Friedrich Wilhelm hatte während der Napoleonischen Kriege zu Anfang des 19. Jh. ein Freikorps gegen Napoleon Bonaparte versammelt, das wegen seiner schwarzen Uniformen »Schwarze Schar« genannt wurde und ihm den Beinamen »Schwarzer Herzog« einbrachte. In der Entscheidungsschlacht bei Waterloo am 18. Juni 1815 führte die »Schwarze Schar« den Sieg über Napoleon mit herbei. Doch Friedrich Wilhelm konnte den Triumph nicht mehr miterleben, da er am 16. Juni 1815, dem ersten Tag der Schlacht bei Quatre-Bras, gefallen war. Herzog Friedrich Wilhelm wurde von der Bevölkerung als Held der Napoleonischen Kriege gefeiert und verehrt. Sie bekundete ihre Trauer auf verschiedenen Widmungsschildern, die an den Seiten des Sarges angebracht sind. Die beiden samtenen Fahnen stifteten Braunschweiger »Frauen und Töchter« für den in der Blüte seiner Jahre dahingegangenen Freiheitskämpfer.

Mit dem Sohn des »Schwarzen Herzogs«, **Wilhelm** (1806-1884), ruht das letzte Mitglied der Linie Braunschweig-Bevern in der Gruft. Sein relativ kleiner, mit schwarzem Samt verkleideter Holzsarg steht als zweiter Sarg links neben der Barocktumba Herzog Albrechts.
Der mit rotem Samt bezogene Sarg dazwischen birgt die Gebeine seiner Tante und Schwester des »Schwarzen Herzogs«, **Karoline Amalie Elisabeth** (1768-1821). Die Form ihres Sarges unterscheidet sich von allen anderen. Das gerade aufsteigende, am Kopfteil einschwingende Unterteil mit flachem Deckel ist typisch für die »englische« Sargform. Karoline war mit ihrem Vetter, dem späteren König Georg IV. von England, vermählt. Ihre unglückliche Ehe war der Grund dafür, daß sie als ihren Begräbnisort ausdrücklich Braunschweig bestimmte. Ihren Sarg jedoch ließ sie in England anfertigen; der englische Hofgoldschmied hat sich auf der Inschriftplatte des Deckels verewigt: »Gilbert Goldsmith to his Majesty Fecit« (Der Goldschmied Ihrer Majestät, Gilbert, hat dies gefertigt).
Über eine Treppe gelangt man hinab in den Raum unter dem südlichen Querhausarm, der eigens als Grabkammer für **Philipp Ludwig Probst von Wendhausen** (1633-1718) gestaltet wurde. Inschriften und Bibelzitate an den Wänden loben den Juristen und langjährigen Kanzler des Fürstentums, der unter drei Herzögen dieses höchste Amt im Lande mit Geschick und Umsicht ausfüllte. Er konnte für sein Land sowohl in der Innen- als auch in der Außenpolitik Wesentliches erreichen. Außerdem gelang es ihm, das Finanzwesen des Fürstentums zu ordnen. Über die Belange seines Landes hinaus vergaß er aber auch nicht seine eigenen, denn er starb als einer der reichsten Männer des Fürstentums.

Sarg Herzog Friedrich Wilhelms (1771-1815), des sog. »Schwarzen Herzogs«, in der Apsis der Welfengruft

Die Orgeln des Braunschweiger Doms

Eine Orgel ist in der Stiftskirche St. Blasii erstmals im Jahr 1298 erwähnt. Über ihr Aussehen und ihre Beschaffenheit sind keine Nachrichten überliefert. Doch belegen zahlreiche Rechnungen im 14. Jh., Ausgaben für Orgel und Organisten betreffend, den hohen Stellenwert der Kirchenmusik an der Stiftskirche.
Eine Nachfolgeorgel wurde 1499 von Heinricus Crantius errichtet. Größe und Klang dieses Instrumentes bleiben ebenfalls im dunkeln. Es ist lediglich überliefert, daß der Orgelbauer Johannes Thomas um das Jahr 1560 das Werk des Heinricus Crantius um ein Rückpositiv erweiterte.
Die Barockorgel aus den Jahren 1603-09, die sich auf einer Empore im Westen des Doms befand, ist dagegen in mehreren zeitgenössischen Quellen beschrieben. Sie wurde von Henning Henke aus Hildesheim begonnen und von Christoph Münch vollendet. Die alte Orgel veräußerte man bei dieser Gelegenheit an die St. Katharinen-Kirche. Die Disposition erwähnt auch Ventile zur Steuerung von Sonne und Zimbelstern, was auf eine reiche Ausschmükkung des Orgelprospektes schließen läßt, der verschiedenen Schilderungen zufolge sehr aufwendig gestaltet gewesen sein. Auf dem Rückpositiv war das Braunschweiger Wappen angebracht, *»neben welchem früher die Bildsäulen des Blasius, Johannes und Thomas standen«*.
Nachdem die Barockorgel in den folgenden Jahrhunderten mehrfach erweitert und repariert wurde, erfuhr sie im 19. Jh. ihre tiefgreifendste Veränderung. Sie erhielt 1882 ein neuromanisches Gehäuse, das sich auf einer hohen steinernen Empore erhob und mit seinen gekuppelten Prospekttürmen bis in das Radfenster der Westwand hinaufreichte. Da auch die klangliche Situation der alten Orgel vollkommen verändert worden war, wurde ein Neubau angeregt, den ab 1901 die Werkstatt Furtwängler und Hammer aus Hannover durchführte. Das neue Werk, das in den neuromanischen Prospekt eingebaut wurde, umfaßte 84 Register, 4 Manuale sowie ein Fernwerk im südlichen Querhausarm (80 m von der Hauptorgel entfernt).
Im Zuge der Umgestaltung des Dominneren durch die Nationalsozialisten wurde das neuromanische Gehäuse entfernt und 1938/39 durch einen ungegliederten Freipfeifenprospekt ersetzt. Dieses Bild blieb erhalten, bis man sich 1962 zu einem vollkommenen Neubau entschloß. Das Instrument hatte einerseits stark unter Feuchtigkeit gelitten, andererseits hatten sich die Ansprüche an die Kirchenmusik völlig gewandelt. So beseitigte man die Empore und ließ durch die Berliner Orgelwerkstatt Prof. Karl Schuke eine neue Orgel zu ebener Erde aufstellen. Das Werk mit insgesamt 4370 Pfeifen umfaßt 4 Manuale, Pedal und 55 Register. Anstelle des Freipfeifenprospekts sind die einzelnen »Werke« nun sichtbar und hörbar gegeneinander abgegrenzt. Die vielseitige Disposition und differenzierte Intonation des Instrumentes erlaubt die Interpretation einer Vielzahl von Orgelwerken aus verschiedenen Epochen und läßt damit musikalisch keine Wünsche offen.

Die Glocken des Braunschweiger Doms

Das Maßwerkhaus zwischen den beiden Turmaufsätzen birgt das 12 Glocken umfassende Geläut des Braunschweiger Doms. Es gehört zu den bedeutendsten in Deutschland, blieb doch die imponierende Anzahl von zehn mittelalterlichen Glocken erhalten. Sie sind in dem

bemerkenswerten, über zwei Geschosse reichenden Glockenstuhl aus Eichenholz aufgehängt, dessen Entstehung zu Beginn des 15. Jh. dendrochronologische Untersuchungen belegen konnten.
Die kleinste Glocke, das sogenannte »Adämchen«, stammt vermutlich noch aus dem 15. Jh. Die drei größten Glocken von 1502 ('Blasius major' oder 'Salvator', 'Maria' und 'Johannes Baptist') schuf der niederländische Glockengießer Gherardus de Wou (1440-1527), der einer der bedeutendsten Glockengießer seiner Zeit war. Er fertigte Glocken u.a. für die Dome zu Frankfurt/Main, Erfurt und Utrecht. Seine Glocken weisen sich sowohl durch eine exzellente Gußqualität als auch durch eine handwerklich perfekte Gestaltung der Schmuckformen aus. Die 'Blasius major' oder 'Salvator'-Glocke des Braunschweiger Geläuts ist mit fast 2 Meter Durchmesser und 4900 kg neben der 'Gloriosa' im Dom zu Erfurt eine der größten erhaltenen Glocken des Gherardus de Wou. Möglicherweise goß er für den Braunschweiger Dom noch eine vierte Glocke, die Thomas-Glocke, die allerdings 1660 abstürzte. Sein Schüler Hinrik van Campen (†1521/22) ergänzte das Geläut 1506 um sechs weitere Glocken ('Anna', 'Blasius minor', 'Maria', 'Thomas', 'Kaspar' und 'Katharina'). Eine Glocke ('Gabriel') aus dem Jahr 1700 ist ein Umguß einer ebenfalls 1506 von Hinrik van Campen gegossenen Glocke. Sie wurde von Arnold Grete (Braunschweig) gefertigt.
Noch im Ersten Weltkrieg blieb das wertvolle Domgeläut aufgrund seiner Bedeutung unangetastet. Im Zweiten Weltkrieg dagegen erging der Befehl zur Ablieferung der Glocken zu Rüstungszwecken. Während die drei großen Glocken Gherardus de Wous im Glockenstuhl verblieben, wurden die übrigen nach Hamburg zum Sammelplatz, dem sogenannten »Glockenfriedhof«, abtransportiert. Sie entgingen jedoch dem Einschmelzen und konnten nach dem Krieg wieder in den Dom zurückkehren. 1989/90 wurde die Thomasglocke nachgegossen und somit das Geläut wieder komplettiert.

Die 'Blasius major'-Glocke, 1502, gegossen von dem niederländischen Glockengieße[r] Gherardus de Wou (1440-152[7]). Glockenstuhl Anfang 15. Jh.

Literatur (Auswahl)

Siehe vor allem: **Heinrich der Löwe und seine Zeit. Herrschaft und Repräsentation der Welfen 1125-1235.** Katalog der Ausstellung Braunschweig 1995, hg. v. Jochen Luckhardt und Franz Niehoff, München/Braunschweig 1995. Band 1: Katalog, Band 2: Essays, Band 3: Nachleben.

Arndt, Karl, Mißbrauchte Geschichte: Der Braunschweiger Dom als politisches Denkmal (1935/45), in: Niederdeutsche Beiträge zur Kunstgeschichte 20 (1981), 213-244, und 21 (1982), 189-223.

Bloch, Peter, Siebenarmige Leuchter in christlichen Kirchen, in: Wallraf-Richartz-Jahrbuch 23 (1961), 55-190.

Böker, Hans Josef, Die spätgotische Nordhalle des Braunschweiger Domes, in: Niederdeutsche Beiträge zur Kunstgeschichte 26 (1987), 51-62.

Brüning, Kurt, Schmidt, Heinrich, Niedersachsen und Bremen (Handbuch der historischen Stätten Deutschlands Bd. 2) Stuttgart [5]1986.

Dehio, Georg, Bremen/Niedersachsen (Handbuch der deutschen Kunstdenkmäler) München 1992.

Döll, Ernst, Die Kollegiatstifte St. Blasius und St. Cyriakus zu Braunschweig (Braunschweiger Werkstücke 36) Braunschweig 1967.

Friedrich, Verena, St. Martini - Braunschweig, Passau 1995.

Fuhrmann, Horst, Mütherich, Florentine (Hg.), Das Evangeliar Heinrichs des Löwen und das mittelalterliche Herrscherbild (Bayer. Staatsbib., Ausstellungskataloge 35) München 1986.

Gosebruch, Martin, Der Braunschweiger Dom und seine Bildwerke, Königstein i. Taunus 1980.

Haussherr, Reiner, Das Imervardkreuz und der Volto-Santo-Typ, in: Zeitschrift für Kunstwissenschaft 16 (1962), 129-170.

Ders., Triumphkreuzgruppen der Stauferzeit, in: Die Zeit der Staufer. Geschichte - Kunst - Kultur, Ausst.-Kat. Bd. V Supplement: Vorträge und Forschungen, Stuttgart 1977, 131-168.

Herbst, Wolfgang, Die Orgeln im Braunschweiger Dom, Braunschweig 1974.

Hofmeister, Hermann, Bericht über die Aufdeckung der Gruft Heinrichs des Löwen im Dom zu Braunschweig im Sommer 1935, Braunschweig [2]1991.

Hütt, Michael, Aquamanilien - Gebrauch und Form, Mainz 1993.

Die Inschriften der Stadt Braunschweig bis 1528 (Die deutschen Inschriften 35) bearb. v. Andrea Boockmann, Wiesbaden 1993.

Jordan, Karl, Heinrich der Löwe. Eine Biographie, München [2]1980.

Ders., Gosebruch, Martin, 800 Jahre Braunschweiger Burglöwe, 1166-1966 (Braunschweiger Werkstücke 38) Braunschweig 1967.

Klamt, Johann-Christian, Die mittelalterlichen Monumentalmalereien im Dom zu Braunschweig, Diss. Berlin 1968.

Klemm, Elisabeth, Das Evangeliar Heinrichs des Löwen (Bayerische Staatsbibliothek, Ausstellungskataloge 47) Frankfurt 1988.

Koch, Norbert, Der Innenraum des Braunschweiger Domes (ehemalige Stiftskirche St. Blasius), in: Stadt im Wandel, Kunst und Kultur des Bürgertums in Norddeutschland 1150-1650. Landesausstellung Niedersachsen 1985, Braunschweig. 4 Bde., ed. Cord Meckseper, Stuttgart/Bad Cannstatt 1985, Bd. 4, 485-513.

Körner, Hans, Grabmonumente des Mittelalters, Darmstadt 1997.

Legner, Anton, Das Andachtsbild des späten Mittelalters - Eine Betrachtung vor dem Elendchristus im Braunschweiger Dom, in: Stadt im Wandel (ebd. unter Koch, Robert) 449-465.

Liess, Reinhardt, Die Braunschweiger Turmwerke. Eine Charakteristik ihrer Gestalt und städtebaulichen Bedeutung, in: Amici amico. Festschrift für Werner Gross, ed. Kurt Badt/Martin Gosebruch, München 1968, 79-127.

Meier, Paul J., Steinacker, Karl, Die Kunstdenkmale der Stadt Braunschweig (Kunstdenkmälerinventare Niedersachsens Bd. 9) Nachdruck Osnabrück 1978.

Möhle, Martin, Die Krypta als Herrscherkapelle. Die Krypta des Braunschweiger Domes, ihr Patrozinium und das Evangeliar Heinrichs des Löwen, in: Archiv für Kulturgeschichte 73 (1991), 1-24.

Möller, Hans-Herbert, Zur Geschichte des Marienaltars im Braunschweiger Dom, in: Dt. Kunst und Denkmalpflege 25 (1967), 107-118.

Mohrmann, Wolf-Dieter (Hg.), Heinrich der Löwe (Veröffentlichungen der Niedersächsischen Archivverwaltung 39) Göttingen 1980.

Neumann, Martin, Sonnenuhren an alten Gebäuden in Braunschweig, Braunschweig 1991.

Peter, Claus, Die Glocken des Meisters Gherardus de Wou, musikalisches Vorbild des Frankfurter Domgeläutes, in: Frankfurter Glockenbuch, hg. v. Konrad Bund (Mitteilungen aus dem Frankfurter Stadtarchiv 4) Frankfurt/Main 1986, 355-405.

Quast, Adolf, Der Sankt-Blasius-Dom zu Braunschweig, Braunschweig [4]1985.

Rehtmeyer, Philipp Julius, Der berühmten Stadt Braunschweig Kirchenhistorie. 5 Teile, Braunschweig 1707-1720.

Reinle, Adolf, Die Ausstattung deutscher Kirchen im Mittelalter, Darmstadt 1988.

Schmidt, Michael, Das Mortuarium am Eichstätter Dom. Eine architekturhistorische Untersuchung (Arbeiten zur Eichstätter Geschichte und Landeskunde, hg. v. Hist. Verein Eichstätt, Bd. 1) Eichstätt 1996. [Zur Nordhalle des Braunschweiger Domes S. 137f. und 141f.]

Schmidt, Tilmann, Die Grablege Heinrichs des Löwen im Dom zu Braunschweig, in: Braunschweigisches Jahrbuch 55 (1974), 9-45.

Soffner, Monika, Der Braunschweiger Dom, Passau 1994.

Dies., Der Kaiserdom zu Königslutter, Passau 1996.

Staufische Pfalzen, hg. v. d. Gesellschaft für staufische Geschichte e.V. (Schriften zur staufischen Geschichte und Kunst, Bd. 14) Göppingen 1994.

Strauß, Ulrike, Neues zu Grabungen in der Gruft Heinrichs des Löwen, in: Braunschweigisches Jahrbuch 74 (1993), 147-164.

Schwarz, Gesine und Ulrich, Eine Bauhütte entsteht. Aus den Rechnungen des Blasiusstifts in Braunschweig (1463-1466), in: Braunschweigisches Jahrbuch 76 (1995), 9-62.

Staats, Reinhart, Heinrich der Löwe und Byzanz. Die ökumenische und kunsthistorische Bedeutung des Religionsgesprächs in Konstantinopel 1172 (Quellen und Beiträge zur Geschichte der Evangelisch-lutherischen Landeskirche in Braunschweig, Heft 5) Wolfenbüttel 1998.

Thies, Harmen, Der Dom Heinrichs des Löwen in Braunschweig. Bau und Kunstwerke, Braunschweig 1994.

Wege in die Romanik. Das Reisehandbuch (Bd. 1: Aufsätze, Bd.2: Touristischer Leitfaden), Hannover 1993.

Wiswe, Mechthild, Dom und Burgplatz in Braunschweig im Bild der Vergangenheit, Braunschweig 1990.

Dies., In der Gruft des Braunschweiger Domes. Die letzte Ruhestätte der Welfenfürsten, Braunschweig 1990.

Lebenslauf Heinrichs des Löwen

1129/31: Geburt Heinrichs des Löwen

1138: Juli: Reichsacht über den Vater, Heinrich den Stolzen, Herzog von Bayern und Sachsen

1142: Belehnung mit dem Herzogtum Sachsen

1147: Zweiter Kreuzzug (Mai 1147 - Frühjahr 1149), Wendenkreuzzug

1152: Vogt von Helmarshausen

1154: Frühjahr: Investiturprivileg für die nordelbischen Bistümer

1154/55: Teilnahme am 1. Italienzug und der Kaiserkrönung Friedrichs I. in Rom

1156: September: Belehnung mit dem Herzogtum Bayern

1158: Gründung der Stadt München

1159: Frühjahr: Neugründung der Stadt Lübeck

1159/60: Teilnahme am 2. Italienzug Friedrichs I. - Eroberung Obodritenland

1165: Verlobung mit Mathilde, Tochter des englischen Königs Heinrich II.

1165: Heiligsprechung Karls des Großen in Aachen

1166: Beginn erbitterter Kämpfe mit den sächsischen Fürsten

nach 1166: Errichtung des Löwenstandbildes

1168: 1. Februar: Hochzeit mit der englischen Königstochter Mathilde

1170: Ende der Kämpfe in Sachsen

1170: Ermordung Thomas Beckets (Kanonisation 1173), 3. Patron der Stiftskirche St. Blasii

1172: Pilgerfahrt nach Jerusalem; in Byzanz Empfang durch Kaiser Manuel I.

seit 1173: Neubau der Stiftskirche St. Blasii in Braunschweig

1176: Januar/Februar: Zusammenkunft mit dem Kaiser in Chiavenna (Kniefall Friedrichs I.)

1177: Ausbruch neuer Kämpfe in Sachsen

1178: 11. November: Beginn des Prozesses gegen Heinrich den Löwen

1179: 29. Juni: Achtspruch auf dem Hoftag in Magdeburg

1180: 13. Januar: lehnsrechtliche Verurteilung auf dem Hoftag in Würzburg

1181: Mitte November: Unterwerfung Heinrichs des Löwen auf dem Hoftag in Erfurt

1182/85: erstes Exil in England bei seinem Schwiegervater König Heinrich II.

vor 1188: Entstehung des Evangeliars

1188: Stiftung des Marienaltars

1189: Ostern: zweites Exil Heinrichs des Löwen in England

1189: 28. Juni: Mathilde stirbt in Braunschweig

1189: 6. Juli: König Heinrich II. von England stirbt

1192: Pfingsten: Achterklärung über den Sohn Heinrichs, Pfalzgraf Heinrich

1194: März: Aussöhnung Heinrichs des Löwen mit Kaiser Heinrich VI. in der Pfalz Tilleda (auf der Reise dorthin im Februar Sturz vom Pferd bei Bodfeld im Harz, Verletzung am Unterschenkel)

1195: 6. August: Tod Heinrichs des Löwen in Braunschweig

Die Pfalz Braunschweig

1031: erste urkundliche Nennung Braunschweigs als *Brunesguik*

1077: Tod der brunonischen Gräfin Gertrud, die durch Stiftung von Goldschmiedewerken hervortritt

1134: Erstmalige Nennung der brunonischen Burg als *Tanquarderoth* in einer Urkunde Lothars III.

ab 1150: Ausbau der herzoglichen Burg Dankwarderode durch Heinrich den Löwen

1164: Delegation des byzantinischen Kaisers Manuel I. besucht Braunschweig

ab 1173: Neubau der Stiftskirche St. Blasii nach Rückkehr Heinrichs des Löwen aus dem Heiligen Land

1188: Marienaltar im Chor

1195: Brand

1196: Kreuzaltar, östl. im Langhaus

1203: Südquerhausaltar

1222: 24. August: Bartholomäusaltar in der Mitte der Kirche

1226: 29. Dezember: Weihe Hauptaltar

letztes Drittel 13. Jh.: Glockenhaus und Türme

1322-1346: südliches Seitenschiff - Erweiterung

14. Juni 1466-1474: nördliches Seitenschiff - Neubau

1542: St. Blasii protestantisch

ab 1640: Umbau der Burg Dankwarderode zum Renaissanceschloß

1728: Barockaltar im Dom von Anton Detlev Jenner

1810: Aufhebung des Stiftes St. Blasii

1813: Westpforte des Doms, 1853 neuromanisch verändert

1830-39: Abriß der Stiftsgebäude im Süden

1873: Entdeckung romanischer Bausubstanz in der Burg Dankwarderode nach Brand

1887-1906: Fertigstellung der Burg Dankwarderode / Vollendung der Innenausstattung

1889-91: Sakristei und Taufkapelle am südlichen Querhausarm, historistische Ausstattung 1897 Hauptaltar von Hans Pfeifer, Triumphkreuzgruppe, Kanzel und Radleuchter

Juni 1935: Öffnung der Grablege Heinrichs des Löwen und seiner Frau Mathilde

17. Juli 1935: Besuch Adolf Hitlers in Braunschweig, Besichtigung der Grabung im Dom

1939: Umgestaltung des Doms zur »Nationalen Weihestätte« durch die Nationalsozialisten

Weinender Putto an der Barock-Tumba Herzog Ludwig Rudolfs (†1735) und dessen Gemahlin Christina Ludovica von Oettingen (†1747)

Die wichtigsten Kunstwerke im Braunschweiger Dom in chronologischer Reihenfolge

nach 1173: Imervard-Kreuz

nach 1185: Evangeliar

1188: Marienaltar

um 1188: Leuchter

1235/40: Grabmal Heinrichs des Löwen und Mathildes von England

2. Viertel 13. Jh.: Wandmalereien in Chor, Vierung und Südquerhaus

um 1270/80: Fürstenfigur

um 1370: Bischofsfigur

1345: Stifterfiguren Herzog Ottos des Milden (†1344) und seiner Frau Agnes von Brandenburg (†1334)

1349: Grabstein Ludolf von Holling

um 1460: Passionssäule und Christus im Elend

um 1500: Holzfiguren der Kirchenpatrone Blasius und Johannes

1502: 3 Glocken von Gherardus de Wou

1506: 6 Glocken von Hinrik van Campen

Epitaphien

1604: Elisabeth von der Schulenburg

1615: Wilhelm von der Ow

1634: Valentin Möller

1673: Johann Georg von Stauff

1690: Tobias Schmiedeberg

1704: Messingtafel Herzog Rudolf August

1707: Welfentumba

1718: Philipp Ludwig von Wendhausen

1727: Geheimer Staatsrat J.B. von Pape

1730: Generalmajor C.v. Völcker

1735: Tumba Herzog Ludwig Rudolfs

Bischofsfigur, Wandmalerei an einem Mittelschiffspfeiler

Glossar

Altar: Stätte des Abendmahles, Abdeckplatte >Mensa.

Arkade: Bogenreihe, die auf Pfeilern oder >Säulen ruht.

Apsis: Meist halbrunde Altarnische als Abschluß des >Chores.

Bandrippen: Gewölberippen mit rechteckigem Querschnitt, die nicht im Verband mit dem aufgelegten >Gewölbe stehen.

Basilika: Meist dreischiffiger Kirchenbau mit hohem Mittelschiff und niedrigen Seitenschiffen.

Basis: Fuß einer >Säule; attische B.: bestehend aus einer Kehle zwischen zwei Wülsten, von denen der obere niedriger und weniger ausladend ist als der untere.

Bauhütte: Im Mittelalter Arbeitsgemeinschaft von Meistern, Gesellen, Lehrlingen und Hilfsarbeitern, die sich zur Errichtung eines Gebäudes zusammenfanden.

Biforium: Doppelte Fensteröffnung, verbunden durch Bögen, die meist auf einer >Säule aufliegen. Eine dreifache Öffnung wird Triforium genannt.

Busung: Form eines >Gewölbes, bei dem der Scheitelpunkt der Gewölberippen höher liegt als der Scheitel der das Gewölbejoch begrenzenden >Gurt-, >Scheid- oder >Schildbögen.

Chor / Hoher Chor: Ursprünglich Platz für die Sänger, Bereich des Hauptaltares. In der Regel östlicher Teil des Mittelschiffs, gegen dieses oft durch einen Lettner abgegrenzt. Meist um einige Stufen, bei darunterliegender Krypta wesentlich gegenüber dem Langhaus erhöht.

Chorgestühl: An beiden Langseiten des (Hohen) >Chores oder der >Vierung aufgestellte Sitzreihe für die Geistlichen bzw. Chorherren, oft in zwei oder mehr Reihen.

Chorschranken: Den >Chor und auch die >Vierung gegen die den Laien zugänglichen Teile der Kirche abschirmenden Schranken.

Codex (Plural: Codices): Gebundenes, handgeschriebenes Buch, meist aus Pergament.

Couronnement: Abschließendes Bogenfeld eines Fenster, meist mit >Maßwerk gefüllt.

Eckzier: Überleitung von der >Basis einer >Säule zur rechteckigen Unterlage.

Epitaph: Gedenkstein an der Außen- oder Innenwand der Kirche, an einer Wand oder einem Pfeiler aufgestelltes oder aufgehängtes Mal zum Gedächtnis an einen Verstorbenen. Aufkommend mit dem 14. Jh., erfuhr das Epitaph in der Renaissance und im Barock prunkvolle Ausprägungen.

Faksimile: Detailgetreue und durch Druck vervielfältigte Nachbildung eines Originals (Zeichnung, Schrift).

Fiale: Architektonische Zierform der Gotik, eine schlanke, spitze Pyramide z.B. als Bekrönung eines >Strebepfeilers oder einer Brüstung; flankiert häufig >Wimperge.

Fresko / Freskomalerei: Malerei mit in Wasser angeriebenen, kalkbeständigen Farben auf frischem (ital. fresco), kurz vorher aufgetragenem Kalkputz. Die Farben dringen ein und bleiben nach dem Trocknen unlöslich mit dem Putz verbunden. **Secco-Technik:** Malereien auf trockenem (ital. secco) Putz, die sich weniger stark mit dem Untergrund verbinden.

Gewölbe: Krummflächiger oberer Abschluß eines Raumes. Ein Gewölbe besteht in der Regel aus Steinen, die sich zwischen Widerlagern verspannen (Wände, Rippen).

Gurtbogen: Quer zur Hauptachse eines Gebäudes verlaufender Bogen (Transversalbogen), der das >Gewölbe in >Joche teilt.

Geburt Christi, Detail der Malerei im Vierungsgewölbe

Joch: Gewölbefeld, Bogenfeld eines Bauwerkes, in der Regel entlang der Längsachse hintereinandergeschaltet.

Kanoniker, Chorherr: Geistlicher an einem Dom- oder Kollegiatstift, der keine Mönchsgelübde abgelegt hat, nicht in einer klösterlichen Gemeinschaft lebt und sein Privateigentum behalten hat. Sein Leben ist geregelt nach den canones, den Kirchengesetzen; Pflichten: gemeinsames Chorgebet, Seelsorge und Schulunterricht.

Kapitell: Ausladendes Kopfstück einer >Säule, Zwischenstück zwischen Stütze und Last. Formal oft mit besonderen Motiven - Pflanzen, Tieren, Fabelwesen - gestaltet, in den Baustilen unterschiedliche Kapitellformen.

Konsole: Aus der Mauer vorspringender Tragstein für Balkone, Figuren, Balken, Rippen, usw., oft ornamental oder mit - häufig grotesken - Figuren geschmückt.

Krabbe: Knolle, gotische Kriechblume an den Kanten von >Fialen, Giebeln, Turmpyramiden, >Wimpergen u. dergl.

Kreuzblume: First-, Giebel- oder Turmabschluß, in Grund- und Aufriß kreuzförmiges, stilisiertes Blattgebilde als Krönung auch von >Fialen.

Kreuzgang: Um den Rechteckhof einer Klausur angelegter Gang, in dem Prozessionen mit einem Kreuz abgehalten wurden, Kernbereich eines Klosters. Vom Kreuzgang aus werden verschiedene Räume erschlossen.

Kreuzgratgewölbe: Entsteht aus der Durchdringung zweier gleich hoher, rechtwinklig zueinander stehender >Tonnengewölbe. Die Schnittstellen werden Grate genannt, die entstehenden vier Gewölbefelder Kappen.

Kreuzrippengewölbe: Kreuzgratgewölbe, dessen Grate durch plastisch ausgeformte Unterlagen, die Rippen, unterstützt werden.

Kruzifix: Darstellung von Christus am Kreuz ohne weitere szenische Ergänzung, bes. in der Malerei und Plastik vorkommend.

Krypta: Besonderer Grabraum, in der Regel unterhalb des östlichen Hauptaltares bzw. unterhalb des (Hohen) >Chores.

Langhaus: Mittelteil der Kirche zwischen >Chor oder >Querhaus und Westabschluß oder Turm.

Lettner: Abschlußwand zwischen >Chor und Laienkirche, in der Regel im Übergangsbereich zwischen >Querhaus und >Langhaus errichtet. Entwicklung aus dem Ambo (Lesepult für Epistel und Evangelien in frühchristlicher Zeit).

Lisene: Schwach vorspringender, vertikaler Mauerstreifen ohne >Basis und >Kapitell. Dient der Wandgliederung besonders am Außenbau.

Kann in Material und Farbgebung von der Mauerfläche abgesetzt sein.

Maiestas Domini: Hoheit, Herrlichkeit des Herrn, Darstellung des als Herrscher der Christenheit frontal thronenden Christus.

Majuskel, Majuskelschrift: Großbuchstabe, Zweilinienschrift.

Martyrium, Märtyrer: Zeugnis, Zeuge, Blutzeuge, der für den Glauben Qualen und Folterungen erleidet und sein Leben hingibt.

Maßwerk: Geometrische Schmuckform der Gotik, die »gemessen«, d.h. mit dem Zirkel konstruiert ist. Ein Maßwerk entstand, weil große Öffnungen z.B. für die Verglasung unterteilt werden mußten; Ausführung in der Regel in Stein. Als Blendmaßwerk gliedernd auf eine Mauerfläche gelegt.

Mensa: Abdeckplatte eines >Altars, im Sprachgebrauch oft auch der Altar selbst.

Netzgewölbe: Variation des Rippengewölbes, meist in der Spätgotik, das eine Rippenfiguration in Form eines Netzes aufweist. Die Aufteilung des >Gewölbes in >Joche entfällt.

Obergaden: Gaden, Lichtgaden. Der über die Seitenschiffdächer erhöhte Teil des Mittelschiffs einer >Basilika, in dem die Fenster des Mittelschiffs liegen.

Ornamentik: Schmuck, Verzierung.

Palas: Herrenhaus einer Burg, das die Repräsentationsräume enthält.

Paß: Kreisteil des >Maßwerks, nach der Anzahl der Kreisbögen Drei-, Vier- oder Vielpaß genannt.

Pfalz: Mittelalterliche Residenz von Kaisern, Königen und Bischöfen.

Pultdach: Einseitig abgeschrägtes Dach.

Querhaus, Querschiff: Quer zum >Langhaus verlaufender Raumbereich, in der Regel zwischen >Chor und Langhaus befindlich. Am Schnittpunkt entsteht die >Vierung.

Relief: Plastische Komposition, die aus der Fläche heraus entwickelt und ihr noch verhaftet ist, ohne vollplastische Ausformung.

Reliquien: Gebeine, Knochen, Knochenteile, auch Teile der mit >Märtyrern und Heiligen im Zusammenhang stehenden Kleidungsstücke oder Marterwerkzeuge; bevorzugte Aufbewahrung in Altären, auch in Figuren oder Gefäßen, den sog. Reliquiaren.

Rundbogenfries: Ornamentform aus runden Bögen, die einem Mauerwerk aufgeblendet sind, hauptsächlich in der Romanik. Meist als oberer Abschluß einer Wandfläche, in Material und Farbgebung oft von der Mauerfläche abgesetzt.

Säule: Stützenform, bestehend aus >Basis, Schaft und >Kapitell. In ihrer Form den Proportionen des menschlichen Körpers angenähert (anthropomorph).

Sarkophag: Sarg aus Stein, Holz oder Metall (z.B. Bronze), in der Form plastisch und oft mit Architekturgliederung gestaltet.

Scheidbogen: Bogen, der Raumteile voneinander abgrenzt.

Schildbogen: Bogen, der bei der Verschneidung von Gewölbe- und Wandflächen entsteht, begrenzt ein Gewölbejoch seitlich.

Schlußstein: Stein im Scheitelpunkt eines Rippensystems im >Gewölbe.

Skulptur: Figürliche plastische Darstellung, Bildwerk, Figur.

Sterngewölbe: Variation des >Kreuzrippengewölbes mit Rippen in Form eines Sternes.

Strebepfeiler: Zur Verstärkung und Aussteifung der Außenwand quer vorstehende Mauerzunge, oft in Verbindung mit dem Widerlager eines >Gewölbes.

Tonnengewölbe: Gewölbe mit halbkreisförmigem oder spitzbogigem Querschnitt, kann durch >Gurtbögen in >Joche unterteilt werden.

Tumba / Grabtumba: Meist rechteckiges Grabdenkmal, Deckplatte und oft auch Seitenwände gestaltet, z.B. eine liegende Darstellung des Toten auf der Deckplatte.

Typologie: Lehre, die einer Begebenheit oder Person des Neuen Testaments eine solche des Alten Testaments zuordnet, die auf diese vorausweist, z.B. die 12 Apostel und die 12 Propheten. Das Alte Testament wird als Ankündigung des Neuen verstanden, das Neue Testament als dessen Erfüllung.

Vierung: Raumteil einer Kirche, der aus der Durchdringung von >Langhaus und >Querhaus entsteht. Ihre Eckpunkte: die Vierungspfeiler.

Volute: Schneckenförmig eingerolltes Bauglied oder Zierform.

Wasserspeier: Wasserabführende Bauteile in plastischer Ausbildung, oft Tier- und Fabelwesen, deren Symbolwert vielfach nicht mehr zu deuten ist. Entwässern Dachflächen dort, wo keine Fallrohre oder Rinnen benutzt werden, typisch für die gotische Epoche.

Westwerk: Ursprünglich Kirche und Raum eines Kaisers im Westen einer Kirche, auf einer Empore, auch querbetontes Turmbauwerk als Abschluß der Kirche nach Westen.

Wimperg: Ziergiebel der Gotik, Abschluß über Portalen oder Fenstern, verziert mit >Krabben und >Kreuzblume, oft flankiert von >Fialen. Verstärkt die Vertikalwirkung des Bogens, über dem er sich erhebt.

Würfelkapitell: Entsteht aus der Durchdringung von Würfel und Halbkugel. Dadurch bildet sich an den Seiten ein halbkreisförmiger Schild, der ornamentiert werden kann.

Zwerchdach: Querdach, quer zum Hauptfirst verlaufendes Dach, meist zur Eindeckung von Seitenschiffen.

Zwickel: Dreieckige, meist auf der Spitze stehende Fläche zwischen zwei Bogenlinien.

Titelseite: Links: Der Siebenarmige Leuchter in der Vierung des Braunschweiger Doms, um 1188.
Rechts: Herzog Heinrich der Löwe übergibt das Evangeliar an den hl. Blasius, den Patron des Braunschweiger Doms. Detail des Widmungsbildes des Evangeliar Heinrichs des Löwen, vor 1188 (oben).
Der Braunschweiger Burglöwe, nach 1166 (Mitte).
Weiheinschrift des Marienaltars, Deckel des Reliquiengefäßes aus dem mittleren Kapitell des Marienaltars, 1188 (unten).

Frontispiz: Modell des Braunschweiger Doms, Detail des Grabmals Heinrichs des Löwen, um 1235/40.

Umschlagrückseite: Imervard-Kreuz an der Ostwand des nördlichen Seitenschiffs, Detail.

Bildnachweis: S. 7: Landesarchiv Schleswig-Holstein, D-24837 Schleswig (Urk.-Abt. 268 Nr. 4). / S. 30: Braunschweigisches Landesmuseum, Braunschweig, Aufnahme Ingeborg Simon. Constantin Uhde, Reste der Burg Dankwarderode, Aquarell, 1887 (Inv.-Nr. Zg 2333). / S. 31: Dieter Heitefuß, D-38122 Braunschweig. / S. 56: Elisabeth Krebs, Metallrestaurierung, A-1150 Wien, Aufnahmen Krebs/Scholz. Alle übrigen fotografischen Aufnahmen Gregor Peda, Passau © 1998 und 1999. Alle Rechte vorbehalten.

ISBN 3-89643-499-3
PEDA-KUNSTFÜHRER Nr. 499/1999

KUNSTVERLAG PEDA
Tittlinger Str. 19 · D-94034 Passau · Tel. (0851) 751551 · Fax (0851) 73629 · eMail KunstverlagPeda@t-online.de

GRUNDRIß

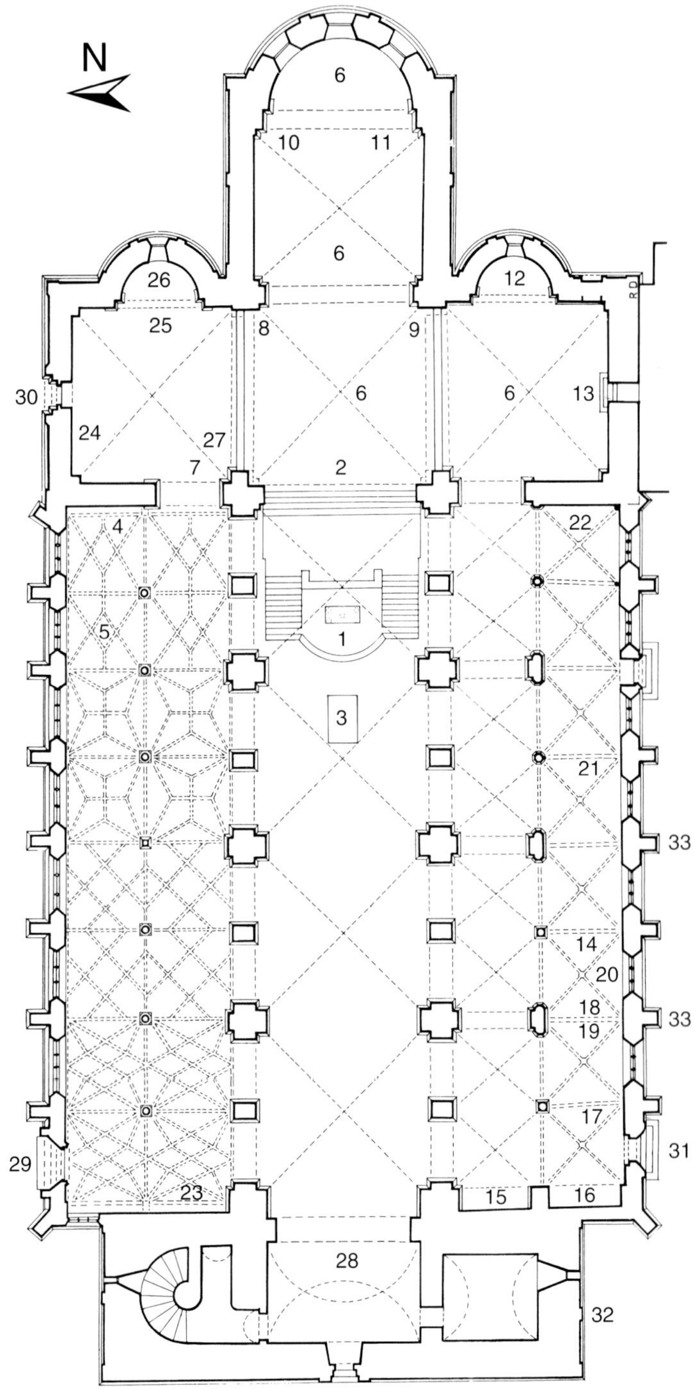

Legende zum Grundriß

1 Marienaltar
2 Siebenarmiger Leuchter
3 Grabmal Heinrichs des Löwen und Mathildes von England
4 Imervard-Kreuz
5 Kalkstein-Taufe
6 Mittelalterliche Wandmalereien
7 Evangeliar Heinrichs des Löwen (Faksimile)
8 Bischofsfigur
9 Fürstenfigur
10 Kirchenpatron Johannes der Täufer
11 Kirchenpatron Bischof Blasius
12 Christus im Elend und Passionssäule
13 Renaissancegitter am Zugang zur Sakristei
14 Stifterfiguren Otto der Milde und Agnes von Brandenburg
15 Epitaph Elisabeth von der Schulenburg
16 Epitaph Caspar von Völcker
17 Epitaph Julius Basilius von Pape
18 Epitaph Johann Georg von Stauff
19 Grabstein Ludolf von Holling
20 Tumba Herzog Ludwig Rudolfs
21 Epitaph Tobias Schmiedeberg
22 Epitaph Philipp Ludwig Propst von Wendhausen
23 Epitaph Valerius Möller
24 Epitaph Wilhelm von der Ow
25 Welfentumba
26 Messingtafel vom Grabmonument Herzog Rudolf Augusts
27 Abgang zur Krypta mit Welfengruft und zur Stiftergruft
28 Schuke-Orgel
29 Hauptportal
30 Löwenportal
31 Bath-Abbey-Portal, darüber Sonnenuhr 1518
32 Tafelsonnenuhr
33 Sonnenuhren 14. Jh.